もしも
この世界から
お金が
なくなったら

一生お金に振り回されない
人生の歩き方

雑栗わかる

KADOKAWA

「収入を得たら、節約する」世界からの脱却

突然ですが、あなたは

「収入を得たら、節約する」

世界を生きていませんか?

この本を手に取った方のほとんどが
何かしらの仕事をして収入を得ていますよね。
一見当たり前のように感じるかもしれませんが、
ふと立ち止まって考えてみると、
これはとても不思議なことなんです。

なぜ、日本人のほとんどが仕事をして
何かしらの収入を得ているのでしょうか?

生活のためでしょうか？
お金がないと何もできないからでしょうか？
家や車のローンが支払えないからでしょうか？
あるいは、それらすべての理由からでしょうか？

どうやら、現代を生きるには
「お金」というものを稼がないといけないようです。

国民のほとんどが何かしらの仕事をして
収入を得ており、生活に必要なほぼすべてのことを
その収入に依存しています。

私たちが生きている世界は
「お金を稼がないと
生きていけない世界」なのです。

「そんなことは当たり前だ」と思いますか？

実は、これは全く当たり前ではありませんし、
人間が積み上げてきた長い歴史を振り返ってみれば

極めて異常な事態であると言えます。

お金を稼がないと生きていけない状況は、日本で言えば、
ここ100年くらいで顕著に見られる現象ですし、
その傾向は戦後に加速度的に高まっています。

端的に言ってしまえば、元々は

「お金を稼がなくても生きていける世界」だったのが、

「お金を稼がないと生きていけない世界」に

ある所から変わってしまったのです。

私たちは、お金という一見便利なツールを手にした反面、
そのお金の奴隷となり、

自らを不自由な状況に
追い込んでいます。

毎日仕事をして、毎月のお給料をもらい、

その中から支出をして生活する。
支出しすぎるとお金がなくなってしまうので、
常に節約することを念頭に置く毎日。
節約のストレス、将来への不安、毎日の労働による疲れ。

「これが一生続く」と思うと
息が詰まる思いがしないでしょうか？

「お金の不安から解放されたら
どんなに精神が自由になるだろう」と
想像したことはないでしょうか？

「何かを変えないといけないことは
わかってはいるけれど、
何をどうしたらいいのかわからない」と
漠然とした不安を感じていませんか？

あなたがもしこのような世界を生きているのであれば、
この本を読むことによって、そういった世界から
脱却することができるかもしれません。

この本を読むことで

「収入を得たら、節約する」
世界から脱却する
ヒントがつかめる

お金の正体やこの世界の
仕組みがわかる

お金以外の価値の
重要性に気付ける

人生に必要な価値を
いくらでも受け取れる

以上のような学びを得ることができます。それにより、
人生が豊かさにあふれ、満ち足りたものになることを確信しています。

本書は、私が一方的に何かしらの結論や
答えのようなものを提示するものではありません。
読者の皆様が読んで感じたこと、考えたこと、
その思考のプロセスこそが「美味しい所」です。

結論を急がず、ああでもないこうでもないと考えることを
楽しんでみてください。
本書を手に取ったことが、後で振り返った時に、
「人生の転機だった」と思えるような内容を詰め込んでおりますので、
是非最後まで読んでいただけると幸いです。

注意点として、本書では、前半に暗い話をして、後半で明るい話をします。
前半だけ読んで読むのを止めると最悪な気分になりますので、
一度読み始めたら、なるべく一気に最後まで読んでくださいね。

目次

第2章

お金に依存するようにデザインされた社会

第3章

お金の歴史から紐解く支配の構造

第4章

お金の性質を理解して「使う側」になる

第5章

お金の悩みが消える方法

第6章 もしもこの世界からお金がなくなったら

装丁・本文デザイン　須貝美咲（sukai）
イラスト　徳永明子
DTP　株式会社　三協美術
構成　株式会社　鷗来堂

第1章

お金が生み出す不幸の原因

お金は人を幸せにするか？

お金は人生における大小様々な不幸を生み出しています。

「欲しいものが買えない」
「月末の支払いに間に合わない」
「生活がカツカツでストレスがたまる」
「親の介護で仕事を辞めなければならず、金銭的に不安定」
「金銭的に厳しく、充分な教育が受けられない」
「奨学金の返済が厳しい」

「会社員を辞めたいが、生活のために仕方なく働いている」

「ローンの支払いがあるので、労働し続けなければならない」

「商売をやっているが薄利で心身がすり減っていく」


「税金や社会保険料が高く、手取りが少ない」

「支払っている税金に対して恩恵が感じられない」


「年収が低いことに対してコンプレックスを感じていて自己肯定感が低い」

「年収が低く、恋愛や婚活市場で不利に働く」

「服を買うと夫が不機嫌になる。お金のことで夫婦喧嘩が起きる」

「金銭的な理由で離婚を余儀なくされた」

「離婚したいが金銭的な不安を考えるとできない」

「借金が膨らんでしまったため、人生に絶望している」

「将来、老後に対して漠然とした不安がある」
「日本の未来、景気に対して期待が持てずに暗い気持ちになる」
「お金がなくなる不安が常に付きまとっている」
「貧乏なことが恥ずかしい、人が離れたり信用がなくなったりする恐怖がある」
「お金がないと自己管理ができないだらしない人だと思われる恐怖がある」
「お金のために身も心も犠牲にしている自分に嫌気がさす」
「稼いでいることが周りに知られると嫉妬されたり、お金を無心されたりする」

挙げればきりがありません。

私たち人間は「お金」という紙切れや銀行口座の残高などの電子情報に「モノやサ

ービスを購入できる」という便宜的なある種の「信仰」を共有することで経済活動を行っています。

このお金というツールを地球上の人間ほぼ全員が「信仰」しているからこそ、私たちはお金を稼いだり使ったりすることで、自分の生活を豊かに彩ることができます。

例えば私は最近メロンを3000円で購入しました。メロンは信じられないくらい甘く、私を幸せな気持ちにしてくれました。

ここで大事なのは、私自身はメロンを作っていないのにもかかわらず、3000円というお金を支払うだけで、そのメロンをいただくことができたという事実です。

メロンを作るためには場所や道具、人の労働が必要です。当然、3000円でそれらの資源を用意しメロンを作ることは不可能です。

この3000円という紙切れで甘くて美味しいメロンをいただけるというのは私か

らすれば本当にありがたいことですし、むしろ「いいんですか？」という感覚です。

私が甘くて美味しいメロンをいただけたように、お金は人類に豊かさをもたらしてくれた……はずでした。

しかし実際には、冒頭に言及したような多くの不幸を生み出しています。

この矛盾はどう理解すればいいのでしょうか？

いつの間にか誰もが「お金稼ぎゲーム」に参加している

お金は私たちに豊かさを与えてくれるツールなのでしょうか？
それとも不幸や苦悩を生み出し続けるパンドラの箱なのでしょうか？

私はこの疑問や矛盾に対しての明確で納得できる回答を聞いたことがありません。
これに対する明確な答え、腑に落ちる理解がないまま、「お金を稼ぐと勝てる」世界に誰もが飛び込んでいきます。気付けば「お金稼ぎゲーム」のプレイヤーとして他のプレイヤーと肩を並べ、競争の渦に巻き込まれていきます。

そのゲームを助長するように効率よくお金を稼ぐ方法を教える本やセミナー、情報が世の中にあふれています。

私もそうでした。20代の10年間はこの「お金稼ぎゲーム」のいちプレイヤーとしてもがき苦しみながら一生懸命プレイしました。

決して収入は多くなかったので、自分がこのゲームのプレイヤーとして不利な立場にあることを自覚しながらも、自分ができる最大限のパフォーマンスを出力し続けました。20代の後半には無理をしすぎて、心と身体が悲鳴を上げたこともありました。

そんな中、コロナ禍が始まりました。

コロナ禍をきっかけとして私の中で世界の見方が反転してしまいました。本当のことが知りたくて様々な情報を調べる過程で「お金」というツールがこの世界の仕組みに深く関わっていることがわかりました。

少し立ち止まってみたいのです。

皆が「お金稼ぎゲーム」に参加し、勝つためにアクセルを踏んでいる状況だからこそ、立ち止まってゲームのルールや仕組み自体を疑いたいのです。

どうして「お金」で人は不幸になるのか？

お金の不幸はどのように生まれるのでしょうか？

まず、**不幸とは思考の一種**です。「私は満たされていない」という思考や感情のことを私たちは「不幸」と呼んでいます。そして私が考えるお金の不幸を生み出している思考は次の2つです。

①お金を稼ぐことは辛く苦しく大変なことだ【苦痛】
②お金を稼がなければ幸せになれない（満たされない）【依存】

この世に存在するお金の不幸のほとんどがこの①と②の思考がもたらしているもの

であると考えます。

私たちは子どもの頃から①の「お金を稼ぐことは辛く苦しく大変なことだ」という思考を刷り込まれてきました。幼少期には誰もが両親からお金や仕事に対する愚痴を聞いたことがあるでしょう。

「今日も仕事が大変だった。疲れた」
「仕事で疲れてるから今日は遊べないよ」
「お父さんは仕事が大変だから邪魔しちゃだめだよ」

こういった言葉を毎日聞かされることによって、お金を稼いで家族を養うためにはお父さんが辛く苦しく大変な仕事をしなければならない、という思考が当たり前のように子どもに沁み込んでいきます。

少し年齢が上がってくれば、様々な出費に対しての愚痴も聞いたことがあるでしょう。

「このランドセルはお父さんが一生懸命働いて買ったものだから大切にしないといけないよ」

「あなたの進学のためにどれだけお金がかかってると思うの？」

「うちはお金がないから、普段から節約しないといけないの」

これも、お金を稼ぐのが大変だから、出費も大変だ、というロジックです。

学校では先生からお金を稼ぐことの大変さを聞かされます。

「社会ではたくさんの人が大変な思いをして仕事をしているんだよ」

「一生懸命労働して社会に貢献することが国民の義務なんだよ」

そもそも「労働」「働く」などの言葉が苦労を伴って何かをする、という意味を持っています。こういった言葉からも**「働いてお金を稼ぐことは辛く苦しく大変なことだ」という思考が無意識のうちに強化**されていくことになります。

どうやら大人になったら辛くて苦しくて大変な労働が待っている。そんな楽しくない毎日を過ごすくらいなら、ずっと子どものままがいい。

そんな風に考える子どもがいてもおかしくありません。現に私も子どもの頃、大人になりたくないと思っていました。

考えてみればとても不思議だとは思いませんか？

なぜ「大人になりたくない」なんて思いが生まれてくるのでしょうか？

「大人になったら辛くて苦しくて大変な労働をしなければいけなくなる」という思考が一端にはあるのかもしれません。

週5日間働く人生は幸せか？

高校生や大学生になると、いよいよ働くことを意識しだします。一斉に就職活動が始まり、面接をたくさん受けることになります。

私の世代は就職氷河期と言われ、競争にさらされ、何十社も面接を受けるのが当たり前でした。既に就職した先輩からは「社会人になったら大変だよ。学生のうちに海外とか旅行しておいた方がいいよ。行けなくなるから」などとアドバイスを受けました。え？刑期が始まるんですか？

何十社も受けてやっと内定をもらいます。

しかし、第一志望の会社とは業務内容がかけ離れていることもざらでしょう。運よく第一志望の企業に入社できたとしても、希望の部署と違ったり、業務内容がイメージと違ったりします。

いずれにしろ、自分が本当にやりたいことではないので、実際に辛くて苦しくて大変な仕事が始まります。

正社員になると数少ない例外はあるにせよ、1週間が7日間あるうちの週5日間勤務になるでしょう。私はこの週5日間勤務にどうしても納得がいきませんでした。

7分の5です。%で表すと**1週間の71%は仕事をしている**ことになります。

このように数字にしてみると、71%は多く感じるのではないでしょうか。私としては、どんなに多くても50%くらいが妥当ではないかと思っています。

残りの2日間は休日ということで休みになりますが、終わればまた次の5日間が始まります。この2日間は言わば水泳の息継ぎのようなものです。次の5日間働くための息継ぎとしての2日間なので、自由な日ではありません。

「休日」とは文字通り、休んで労働の疲れを取るための休憩時間なのです。息継ぎしている時も泳いでいることに変わりはないのです。

そして、月曜日から金曜日までの5日間に「平日」という名前が付いています。この名前は**「働くことが普通なんだ」という思考を無意識に植え付けます。**

私の感覚では働くことは普通ではありません。自由な日が普通です。平日が自由な日で、働く日が勤労日という名前だったらまだギリギリ納得できたかもしれません。

週5日間の労働は当然辛くて苦しくて大変なので「辞めたい」と誰かに相談すれば「どんなに辛い職場であっても3年間は我慢して働いてみた方がいい」「すぐに転職すると、経歴に傷がつくからもう少し我慢して働いた方がいい」と言われます。

ですから、みんな歯を食いしばって会社で働きます。

ビジネスの世界は競争です。競争は他者との比較なので、勝ち負けがあり、大変なことがたくさんあります。

クライアントに頭を下げて遅くまで残業し、満員電車に揺られる毎日。中には過労で倒れたり、苦しみから逃れるために自ら命を絶ってしまったりする場合もあるのが現実です。

そして何よりの不幸はこの**資本主義社会が労働によって人々が苦しめられている状況を許容している**ということです。

資本主義社会の文脈では人々が辛く苦しく大変な思いをして労働しているのは彼らが自己責任においてそれを望んでいるからであって、社会が強要したことではないとされます。

「お金を稼ぐということは努力して人に尽くすこと。社会人として一生懸命仕事をするのは当然のことだ」

「若い頃に努力しなかったから辛く苦しく大変な労働をせざるを得ない状況になってしまっただけ。自分の責任だ」

「嫌だったらもっと頑張って競争に勝てばいい」

「努力して競争に勝ち、お金をたくさん稼いでいる人はいる。努力が足りないだけだ」

こういった自己責任論に労働者は追い詰められていきます。

資本主義社会、お金稼ぎゲームの中では、勝ち負けは自己責任なのです。

辛く苦しい感情の原因を社会に向けることは基本的に許されていません。

弱者が強者に抱く嫉妬の感情、ルサンチマンとして一蹴されてしまうことだってあるかもしれません。

お金を稼ぐことが大変な理由

なぜお金を稼ぐことはこんなにも辛く苦しく大変なのか？

……そうです。

すべては先ほどお伝えした①の**「お金を稼ぐことは辛く苦しく大変なことだ」という思考が原因**なのです。

幼少期からの流れを思い返してみていただければわかると思いますが、「お金を稼ぐことは辛く苦しく大変なことだ」という事実が先にあってそのような思考が生まれているわけではありません。

先にその思考が刷り込まれて、私たちはお金を稼ぐために辛く苦しく大変なことを仕事として選択するのです。

そして自分が思った通りの「辛く苦しく大変な仕事」を現実化します。思考が先で現実は後なのです。

最近では「好きなことで、生きていく」といったYouTube広告に代表されるような考え方も広く認知されるようになってきました。

とはいえ、「好きなことを仕事にしてしまうと、好きなことも嫌いになってしまう」「好きなことを仕事にすべきではない」「好きなことをしてお金が稼げるほどビジネスの世界は甘くない」といった声も聞こえてくるのでどう考えればいいかわからないという方も多いでしょう。

そもそもこのような広告がもてはやされるということは、一般的な人のうちの多くが「好きなことで生きていない」という証拠ではないでしょうか？

「お金を稼ぐことは辛く苦しく大変なことだ」という思考に染まり切ってしまうと、そのドツボにハマっていくことになります。なぜなら、お金がもらえるのであれば苦しいことも我慢してしまうようになるからです。

こうした考え方が進むと、次第に**お金を最優先にする価値観に偏りがちになり、本来大切にすべき自分自身の心や身体よりもお金を優先するような選択をしてしまう**こともあります。

先ほどの例で挙げたような過労や心身の限界に至るケースは、その一つの行き着く先と言えるでしょう。背景には、「お金」の価値が、その人の中で大きくなりすぎたことがあるのかもしれません。

結果として、自分自身の命や大切なものさえも後回しにしてしまう状況が生まれま

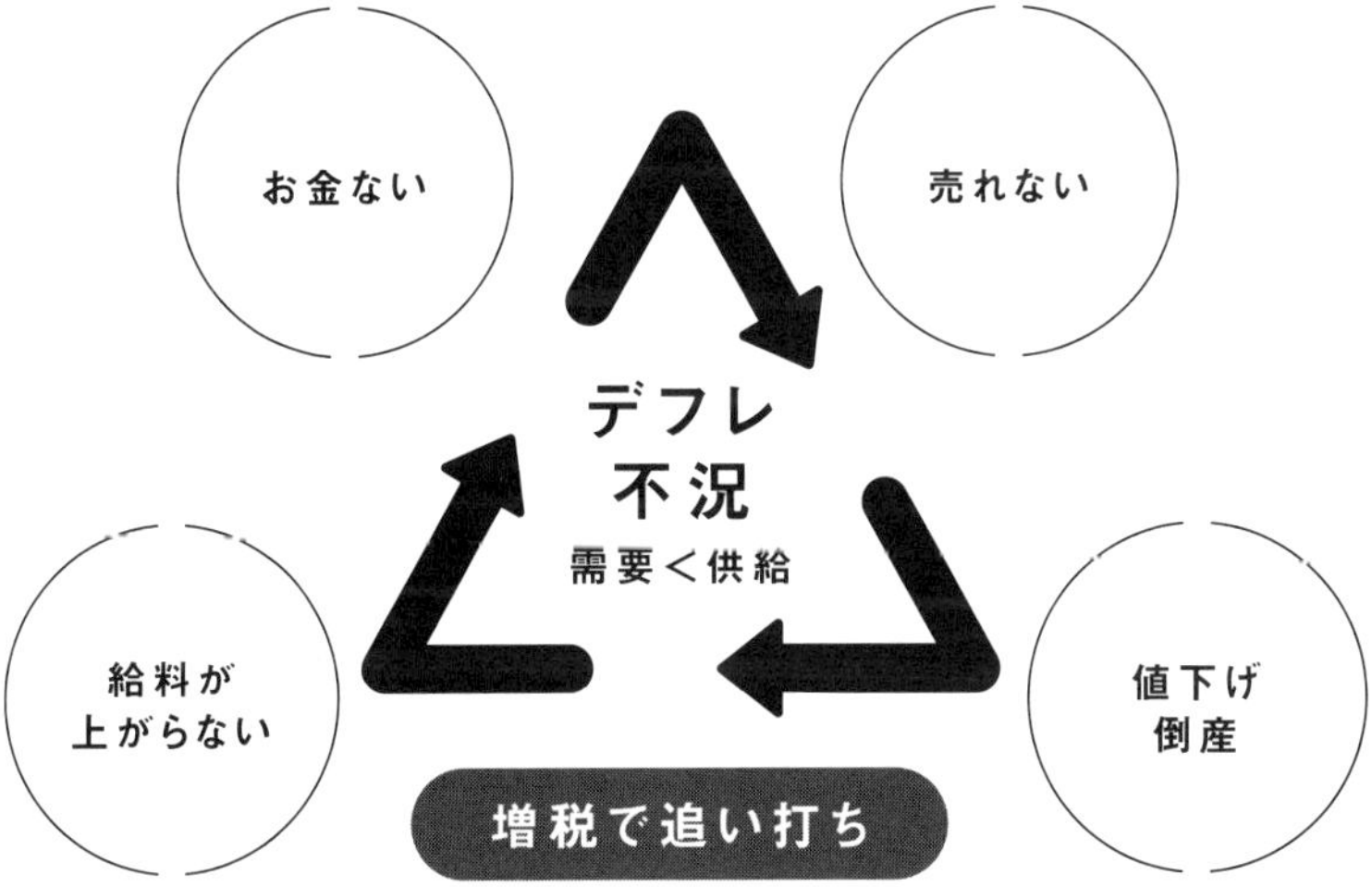

す。そこまでいかなくても、心や身体を酷使しながら働き続ける現実は、多くの人にとって避けられない課題として存在しているのではないでしょうか。

そしてこの拝金主義を助長してきたのが平成の**デフレ不況**でした。

デフレとは、需要が少なく供給が多い状態です。

世の中にモノやサービスの供給があふれている反面、需要が少ないのでそれらが売れず、売り上げが上がりません。

売り上げが上がらないと企業は従業員の給与を上げづらくなりますので、給与が上がりません。

給与が上がらないので消費者はますますモノやサービスを買わなくなります。

そのため、企業は価格を下げざるを得ない状況になっていきます。

デフレ不況では継続的にモノの値段が下がったり、企業が売り上げ不振で倒産したりします。そうなると世の中のモノやサービスが段々と減っていきます。供給能力が落ちていくのです。


元々、デフレという言葉は「収縮」という意味です。お金の循環が滞ってしまい、経済が小さく縮んでしまうのです。

経済が小さく縮むということは供給も需要も一緒に落ちていくイメージです。企業も消費者も小さくなります。わかりやすく言えば貧乏になっているということですね。

その結果、結婚する人が減り、子どもが生まれなくなります。人口も「収縮」するわけです。

日本の不況の原因が少子高齢化にあるような言論が目立ちますが、逆です。不況だから少子高齢化しているのです。

しかし、そんな日本のデフレ不況下でも、一つだけ大きくなるものがあります。大企業です。

デフレ不況では、資本力などの体力がない企業から淘汰されていきます。中小企業が倒産すると、似たサービスを提供している大企業がその市場シェアを自分のものにすることができます。

さらに政治家が選挙の際の組織票を提供してくれる大企業に有利な法律や税制を通すことで、その流れを加速させていきます。

平成の30年で個人商店や中小企業がたくさん倒産しました。商店街は近くにできた大型の商業施設にお客さんを取られ、シャッター商店街になってしまった所も増えています。

デフレ不況のはずなのに、大型の商業施設はどんどん増えているし、街が発展するのを不思議に思ったことはありませんか？

それは唯一大企業だけは儲かっているからなんですね。格差が広がっている理由もここにあります。

少し話がそれてしまったので本題に戻します。

モノやサービスの値段が下がるということは、つまり**お金の価値が上がっていることと同じ**ことです。デフレ下では日本に存在する実体的なありとあらゆるモノやサービスの価値よりもお金の地位が高いという状況になります。

デフレは世界的に見れば非常に稀な状況です。

しかし日本人はデフレに**30年近くさらされてしまいました。**30年もの長い年月、同じ状況が続くと、それが普通になっていきます。

これにより日本では特にお金の地位が上がりすぎて、お金に自分の身体と精神を捧げてしまう方が多いのではないでしょうか。

お金が力を持ちすぎると起こること

お金が力を持ちすぎた社会では、お金の前にひれ伏してしまう人が増えると同時に、お金を使えば人を使っていいと考える人も増えることになります。

無意識に**お金を払っている側が上の立場で、お金を受け取ってモノやサービスを提供する側が下の立場**、という認識が当たり前の世の中になっていないでしょうか？

日本のサービスの品質は世界一ともてはやされていますが、お金を支払う側と受け取る側に上下関係が存在すると考えると、喜んでばかりもいられない気がします。

飲食店などで、店員に対して横柄な態度を取ったり理不尽なクレームを入れたりする客を、SNSで見たことがありませんか？

昼間の仕事でお金を稼ぐために苦しいことをした人が、休日や夜にお金を使ってそのストレスを発散している……なんてこともあるかもしれません。

そうなると負のループですよね。

さて、本当にお金を払う側が上の立場なのでしょうか？

メロンを作る人がいなければ、私は甘くて美味しいメロンにありつけませんでした。**実際に価値を生み出している人がいるから価値を享受できる**という当たり前のことを忘れてはいないでしょうか。

人類は日々進化している、ことになっています。大昔の原始的な生活から比べると科学技術が進歩し、暮らしは便利になっている、はずです。

しかし、本当に暮らしは便利になっていると思いますか？

便利とはどういう意味でしょうか。

週7日間あるうち週5日間もやりたくない辛く苦しく大変な労働に強いられる社会は「便利で進歩した社会」でしょうか？

洗濯板で洗濯をしていた時代から、電気洗濯機が登場して洗濯が自動で行えるようになったことが「便利」なのであれば、なぜその便利になった技術を使って労働をなくさないのでしょうか？

なぜ7日間のうち5日間も辛く苦しく大変な仕事をしなければならないのでしょうか？

私はそんな社会を便利で進歩した社会とは一切思いません。むしろ退化であると考えます。

複雑に絡み合った思考が不幸を生み出す

もう一つ、お金の不幸を生み出す思考があります。

それが②の**「お金を稼がなければ幸せになれない（満たされない）」という思考**です。

お金が力を持ちすぎた結果、お金を稼がなければ幸せになれない（満たされない）という お金に依存する思考に支配されます。

その傾向が顕著に表れているのが『子どもに就いて欲しい仕事ランキング』（https://azway.co.jp/news/4090/）です。

上位に食い込むのは、会社員、公務員、薬剤師などの、安定してお金が稼げそうな職業です。薬剤師は仕事内容が明確ですが、会社員や公務員からは「子どもにどんな仕事をしてほしいか」という視点が欠けているように感じます。

「何をするか」ではなく「お金が稼げるか」が仕事を選ぶ基準になっていることがよくわかります。

本章の冒頭で紹介したお金の不幸の例を①と②の観点から考察してみましょう。

①お金を稼ぐことは辛く苦しく大変なことだ【苦痛】
②お金を稼がなければ幸せになれない（満たされない）【依存】

「欲しいものが買えない」
「月末の支払いに間に合わない」
「生活がカツカツでストレスがたまる」
「親の介護で仕事を辞めなければならず、金銭的に不安定」

お金が足りないことにより、②の「お金を稼がなければならない」という精神状態になっています。この状態が長く続くとお金への精神的な依存度が高くなり、お金に自分自身の幸福度を左右されやすくなります。

また根底には①の「お金を稼ぐことは苦しい」という思いがあるため、よりお金が足りないことへの不満が大きくなります。

「金銭的に厳しく、充分な教育が受けられない」
「奨学金の返済が厳しい」

教育を受けるためのお金が足りない、もしくは受けた後の返済が大変という状態です。

教育は、お金を投資することで自分の能力向上が見込め、将来お金を稼げる可能性が上がります。

しかし、その投資ができないというジレンマが発生しています。

②の「お金を稼がなければならない」という気持ちが強ければ強いほどジレンマが

大きくなり苦しくなります。

「会社員を辞めたいが、生活のために仕方なく働いている」
「ローンの支払いがあるので、労働し続けなければならない」
「商売をやっているが薄利で心身がすり減っていく」

生活する上での最低限のお金は足りているけれども、継続的に生活を維持するためには労働し続けなければならない状況です。
当然②の「お金を稼がなければならない」という気持ちがありますし、根底には①の「お金を稼ぐことは苦しい」という感情が終わらない労働への憂鬱を大きくしています。

「税金や社会保険料が高く、手取りが少ない」
「支払っている税金に対して恩恵が感じられない」

税金や社会保険料が高いことによって生活費が削られ、より②の「お金を稼がなければならない」という思考が強くなります。

また税金を支払っている時の感情として虚しさを感じています。これは①の「お金を稼ぐことは苦しい」ことなのにその恩恵がないことへの虚しさです。

「年収が低いことに対してコンプレックスを感じていて自己肯定感が低い」
「金銭的な理由で離婚を余儀なくされた」
「年収が低く、恋愛や婚活市場で不利に働く」
「服を買うと夫が不機嫌になる。お金のことで夫婦喧嘩が起きる」
「離婚したいが金銭的な不安を考えるとできない」

いずれも恋愛や結婚などについての感情です。好きな人と結ばれたいという思いは人生の中でかなり大きなウェイトを占める欲求です。

恋愛、婚活市場で重要視される年収は②の「お金を稼がなければならない」という思考を強化します。当然年収が低ければ恋愛、婚活市場で弱い立場になり自己肯定感も上がりません。

また、①の「お金を稼ぐことは苦しい」という前提があるからこそ、相手の出費に対して不機嫌になりますし、夫婦喧嘩に発展します。

「借金が膨らんでしまったため、人生に絶望している」

②の感情がピークに達すると、お金の価値が自分の命の価値を超えてしまう場合もあります。

「将来、老後に対して漠然とした不安がある」
「日本の未来、景気に対して期待が持てずに暗い気持ちになる」
「お金がなくなる不安が常に付きまとっている」

うまく言語化はできないけれどお金に対して漠然とした不安がある状態です。自分が何に対して不幸を感じているか本人もわかっていないので、解消が難しいです。

①、②の思考が潜在意識に深く刻まれると、このような不安を作り出します。

「貧乏なことが恥ずかしい、人が離れたり信用がなくなったりする恐怖がある」
「お金がないと自己管理ができないだらしない人だと思われる恐怖がある」

お金がないことに対しての社会的評価を気にして自己肯定感が下がっている状態です。

②の「お金を稼がなければならない」という思いはあるけれども、①の「お金を稼ぐことは苦しい」という思いも感じているのでその矛盾の間で苦しんでいます。

「お金のために身も心も犠牲にしている自分に嫌気がさす」

①の「お金を稼ぐことは苦しい」と感じているのにもかかわらず、②の「お金を稼がなければならない」という矛盾した状況に対して自分を責めている状態です。

「稼いでいることが周りに知られると嫉妬されたり、お金を無心されたりする」

お金は稼いでいるけれども周りからの嫉妬などで①の「お金を稼ぐことは苦しい」と感じるパターンです。

とはいえ②の「お金を稼がなければならない」状況は変わらないので矛盾に苦しむことになります。

いかがでしょうか。ほとんどのお金の不幸が、①と②が複雑に絡み合い、その矛盾の中で生まれた感情であることがおわかりいただけましたでしょうか。

私たちは、幼少期から刷り込まれた思考によって、お金を稼がなければ幸せになれないけれども、お金を稼ぐことは苦しいことであるという矛盾の中でどうしたらいいかわからない状態で社会に出ていくのです。

そして、その矛盾の答えが出ず、お金に対しての自分の気持ちの整理が付かないままお金に人生を振り回されます。**自分がお金を使うのではなくお金に使われる側になってしまっているのです。**

次章では、なぜ私たちが②の「お金を稼がなければ幸せになれない（満たされない）【依存】」という思いと共にお金に依存せざるを得ない状況に追い込まれているのかを解き明かしていきたいと思います。

第2章

お金に依存するようにデザインされた社会

「お金依存」は仕方ない

私たちはお金に依存しています。

電気、水道、ガス、スマホ、パソコン、通信費、日用品、服、食料品、家、車、交通費、子どもの教育、娯楽、保険、税金、社会保険料……。

生活のありとあらゆる場面でお金がかかります。仕事を辞めたら生活が成立しない方も多いでしょう。

お金を稼ぎ続けなければ生活が成立しないということは、言い方を変えればお金に依存しているということです。

なぜ私たちはこんなにもお金に依存しているのでしょうか。

それはお金で買うことのできる**「便利なもの」に依存**しているからです。

「便利なもの」とは「あると助かるもの」のことです。

しかし、その「便利なもの」があまりにも生活の中に浸透していくと「ないと困るもの」に変化していきます。

資本主義社会は「便利なもの」を際限なく生み出し、私たちの生活に供給し続けます。それらが生活の中にじわじわと浸透し、ふと周りを見ると**「便利なもの」であったはずのものが、いつの間にか「ないと困るもの」に変化し、それに囲まれて生活している**ことに気付くのです。

「ないと困るもの」は当然お金で買わなければ手に入らないので、私たちはお金を稼ぎ続ける必要があります。こうして私たちは「ないと困るもの」を手に入れ続けるためにお金に依存していきます。

高度経済成長が加速させた「便利な社会」

電気が普及したことにより、様々な電化製品が登場し暮らしは便利になりました。例えば、戦後、三種の神器として登場したのが、白黒テレビ、電気冷蔵庫、電気洗濯機です。白黒テレビの登場によって、人々はニュースなどの情報をより視覚的に得ることができるようになりました。今でもテレビが生活の中で欠かせないという方はたくさんいらっしゃるでしょう。年配の方で一日中テレビを点けているという方も珍しくないのではないでしょうか。

若年層はテレビを見なくなった代わりにスマホの画面に夢中です。今ではYouTubeを見ていない人の方が少ないのではないでしょうか。

ホーム画面にはYouTubeのアルゴリズムが選定した自分に対するオススメ動画が常に並びます。

サムネイルが気になってはクリックし、関連の動画もチェックして……と気付いたら何時間も経っていたなんてことはざらですよね。

普段電車に乗る方はわかると思いますが、座席に座っている乗客が一列全員スマホの画面を見ているということもあるでしょう。

スマホを見ている時間が1日5時間を超えるスマホ依存の人も増えています。

テレビにしろ、スマホにしろ、タブレットにしろ、私たちは常に何かの画面から情報を得ていなければ気が済まないようです。

電気冷蔵庫が登場したことにより、「食べ物を冷やして保存する」という習慣が生活の中に浸透していきました。

それまでは夏場に氷を使った冷蔵庫を少し使うくらいで、食べ物は新鮮なうちに食べるのが普通でした。必要な時に近所の商店に行って食べ物を調達してくるという感じですね。

もっと昔に遡れば、食べ物を自給している人の割合が高く、自分で作ったものや人からもらったものを食べていたでしょう。

日本では麹菌をはじめとした発酵の仕組みを使って、味噌や醤油、みりんや酒などの調味料を作ったり、漬物や梅干し、納豆などの日持ちのいい食べ物を作ったりして工夫していました。

電気冷蔵庫が登場したことで私たちは「食べ物を保存する」ことに夢中になりました。野生動物でも一部の動物、例えばリスなどはドングリを保存したりしますが、人間ほど食べ物を保存することに躍起になっている動物はいないでしょう。

それに合わせて、食品も賞味期限や消費期限が設定され、それらの期限をなるべく引き延ばすために保存料などの添加物をたくさん使ってより長く保存できるようにしました。

電気洗濯機が登場したことにより、それまで洗濯板で洗濯していたものが、ボタン一つで終わるようになりました。最近のドラム式洗濯機は乾燥まで終わらせてくれます。

三種の神器の登場からもわかりますが、これらのものは、はじめのうちは「あると助かるもの」だったはずです。

しかし、**経済の発展と共に私たちの生活に浸透し、気付けば「ないと困るもの」になりました。**

「便利なもの」の3要素

では、モノやサービスが「あると助かるもの」から「ないと困るもの」に変化し、私たちが便利なものやお金に依存していく過程で何が起こっているのか、もう少し深掘りしてみましょう。

「便利なもの」には3つの要素があります。

①時間や労力を削減できる（cut）
②新たな価値観を加え、人の行動を増やす（add）
③文化・社会・環境がその使用を強いる（force）

便宜的に①を英語の「削減」という単語「cut」からカット、②を英語の「加える」という単語「add」からアド、③を英語の「強いる」という単語「force」からフォースと呼びます。

これを踏まえた上で、三種の神器はどれに分類できるのでしょうか。

白黒テレビはアドの要素が強いと言えます。白黒テレビのように、国民に一斉に同じような情報を映像で発信するようなものは、これまでありませんでした。

全く新しい価値観が世の中に登場し、人々の習慣の中に「テレビを見る」という行動を増やしました。

冷蔵庫については、元々、氷を使って食べ物を保存するものはありました。

しかし、庶民の暮らしに浸透していたわけではありませんでした。電気冷蔵庫の登場によって今では冷蔵庫で食べ物を冷やすのは当たり前になっています。

「食べ物を冷やして保存する」という世の中になかった新しい価値観が加わり、行動として定着したので、アドの要素が強そうです。

洗濯は昔から普通にしていましたから、その労力を削減し、時間を増やしてくれる洗濯機はカットの要素が強いでしょう。

電気を使う電化製品はものによって、新しい価値観を加え、人々の行動を変えるアドの要素が強いものもあれば、時間や労力を削減できるカットの要素が強いものもあります。

例えば炊飯器は薪を燃やしてかまどで煮炊きをしていた工程を削減してボタン一つでご飯が炊けてしまうので、カットですね。

それに対してドライヤーはアドです。昔の人はほとんど髪を洗わなかったそうです。たまに洗ったとしても自然乾燥でした。

ドライヤーが登場したことにより人々の中に「髪を乾かすことはいいことだ」とい

う価値観が加わり、髪を乾かすという行動が増えました。

今までしていなかったことをするようになったので、その分**私たちの時間は削られる**ことになります。私の妻はドライヤーで髪を乾かす時間がもったいなくて、とてもイライラするといつも言っています。

空気清浄機はどうでしょう。

昔の日本では木造構造や、漆喰などの壁の性質によって、空気の循環が行われていたので、空気清浄機のように空気をフィルターに通してきれいにする必要性はそこまでありませんでした。

しかし近年、建物の材料や周辺環境の変化によって室内の空気はかなり汚染されています。そこで登場したのが空気清浄機であることを考えると、文化、社会、環境がその使用を強いるフォースの要素が強いと言えます。

また、それに伴い「空気をきれいにする」という価値観が生まれ、人々の行動を変化させているのでアドの要素も混在しています。

水道は蛇口をひねるだけで、川や井戸へ水をくみに行く時間と労力を削減することができるのでカットの要素があります。

また、これだけ川が汚染され、自然と都市が切り離された社会では水道というインフラがなければ水を確保することが難しいのでフォースの要素があることも忘れてはいけません。

車については歩いて移動する時間と労力の削減ができるのでカットの要素があります。

同時に車が浸透する前には存在しなかった「遠くへ簡単に移動できる」という価値観が生まれ、人々がより遠くに移動するという行動を増やしているとも言えるのでアドの要素もあるでしょう。

さらに、車がないと、仕事や子どもの送り迎えなど普段の生活がままならないケースも多くフォースの要素もあると言えます。
車はカット、アド、フォース、3つの要素をすべて持っているわけですね。

スマホ、パソコンなどは一見カットの要素が強いように見えます。インターネットという仕組みが登場したことにより、情報を検索し調べる、という時間と労力を格段に削減することができるようになりました。

しかし、それが生活の中に浸透してくると、ネットサーフィンなど、「情報を検索すること自体が楽しい」という価値観が生まれ、スマホやパソコンを触る時間はどんどん増えています。

そういったことからアドの要素も強いと言えますし、もっと言えば、現代社会で生きていく上でスマホがないと成立しない場面が増えていることからフォースの要素もあると言えるでしょう。

保育所はどうでしょうか？

一見、親が子どもの面倒を見る時間と労力を削減してくれるので、カットの要素が強いように思えます。

しかし、昔の子育てと比較してみると別の側面が見えてきます。

昔は村の大人全員で地域の子どもを分け隔てなく育てていました。「どこの家の子ども」という概念が薄く、その地域の子どもは大人が皆自分の子どもと思って気にかけていたので、どこかに預けるなどの概念はありませんでした。

一方、現代では核家族化が進み、家族単位で子どもを育てるため、ワンオペ育児などが発生し、保育所に預けなければいけないという状況が発生しています。

昔は必要なかったけれど、現代では必要に迫られて新たに生まれているサービスである、と考えるとフォースの要素も強そうです。

娯楽はどうでしょうか?

これはわかりやすくアドの要素が強いですよね。昔はなかった娯楽がたくさんあります。パチンコ、競馬などのかけ事。Netflixやアマゾンプライムなどのエンタメ配信プラットフォーム。ディズニーランドなどのテーマパーク。どれもなかったものです。

私たちの生活に深く入り込んで、新たな価値観や行動を生み出し続けています。

こうやって考えていくと、便利なものにはアドとカット、フォースの3つの要素が混在していることがおわかりいただけたのではないでしょうか。

そして、この**要素が多ければ多いほど、「あると助かるもの」から「なくては困るもの」に変化していく**のです。

「便利」によって人々の暮らしは楽になったか？

では、これらの便利さがもたらされたことによって、人々の暮らしは楽になっているでしょうか？

「楽になったに決まってる」と言う方が多いと思います。

もちろんそういう面もあるでしょう。

しかし、よく考えてみてください。私たち現代人は昔の人よりかなり忙しく働いていませんか？

休日も忙しく何かしらの予定が入っていたり、膨大な情報を見聞きしたりして、むしろ大変になっていないでしょうか？

矛盾していないでしょうか？

もうお気付きの方もいらっしゃると思いますが、私たちの生活は**「便利さ」によって忙しく、大変になっているという側面もある**のです。

カットは時間や労力を削減できるもの、アドは新たな価値観を加え、人の行動を増やすもの、フォースは文化・社会・環境がその使用を強いるもの、とお伝えしました。

この3つはいずれも、お金を支払って手に入れることがほとんどでしょう。

私たちはこれらの**「ないと困るもの」を手に入れるために働き、お金を稼ぎ続けている**とも考えられます。

まず、週のほとんどを労働に費やすことになり、時間がなくなります。

そして限られた時間を有効活用するために、私たちはカットによる便利さをお金で購入します。

残業で帰りが遅くなり、少しでも早く家に帰りたいがためにタクシーに乗ったり、共働きのため保育所に子どもを預けたり、最新の乾燥機付き洗濯機を購入して家事にかかる時間を削減したりします。

そういったカットの便利さを享受するためにもお金を稼がなければなりません。

さらに文化・社会・環境に強いられているフォースによる便利さも、私たちはお金で購入する必要があります。

電気・水道・ガスなどのライフライン、マンションやアパートなどの家賃、住宅ローン、インターネットなどの通信インフラなどはないと困ります。

さらに新たな価値観や便利さが常に提案され続けます。

新しいゲームを購入して没頭したり、エンタメ配信系プラットフォームの作品を見漁ったり、温浴施設に行ってサウナに入ったりします。

これらアドの要素が強い便利さを享受することで、満足感や充実感を得る一方、お

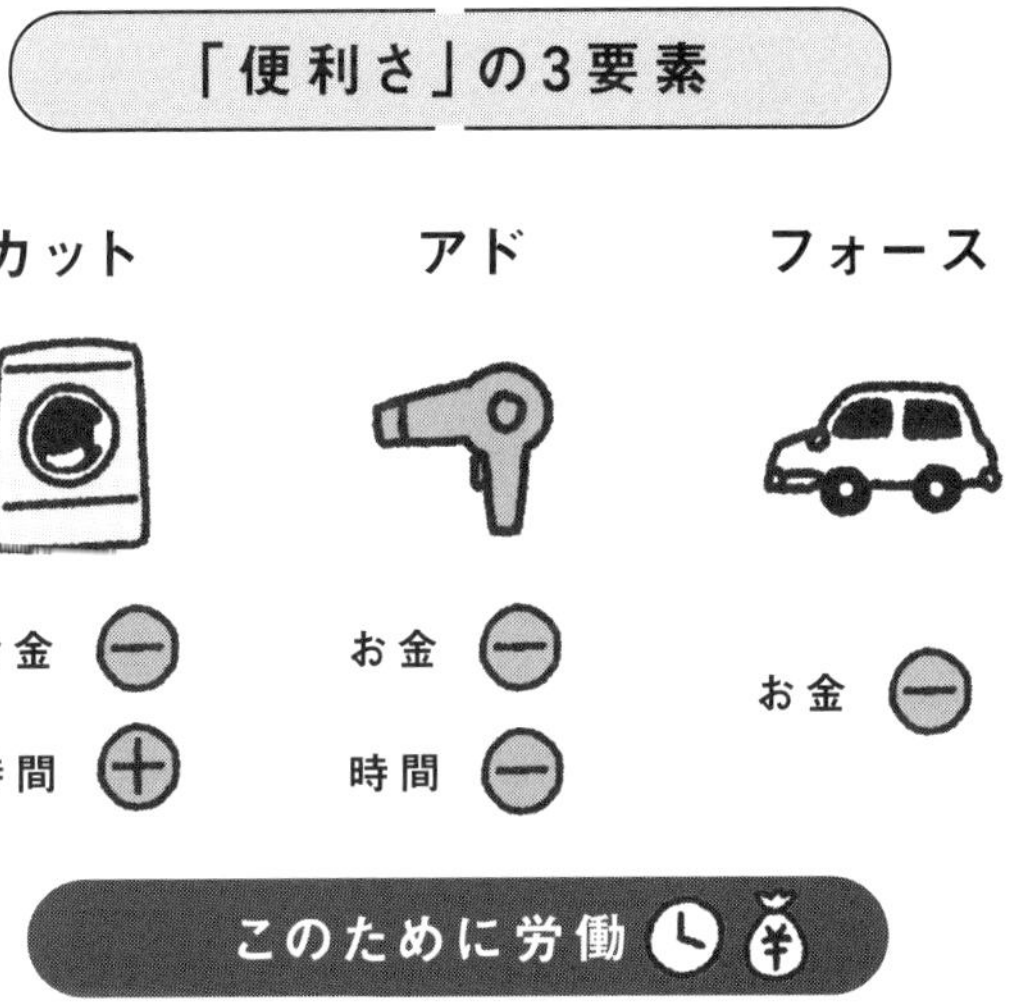

金や時間が奪われ、さらなる労働に追われることになります。

資本主義は際限なく「便利なもの」を私たちに供給するので、アドによってどんどん行動が増え時間が奪われます。

それと比例して、お金を稼がなければならなくなりますので、カットが必要になるのですが、そのカットにもお金がかかり、堂々巡りになります。

さらにフォースが私たちの経済状況に追い打ちをかけるループができ上がっているのです。

そういった生活を続けることにより、「あると便利なもの」が「ないと困るもの」に変化していって、この生活から抜けられなくなるのです。

依存している「便利なもの」は個人個人で異なるにせよ、大きく見ればこのようなことが起きているのだと考えます。

「便利なもの」は資本主義の推進力によって無限に肥大化し、私たちを食い尽くすモンスターに成長していきます。気付けばそのモンスターなしでは生きていけない完璧な依存状態になっています。

これが本章のタイトルの**「お金に依存するようにデザインされた社会」**です。

もちろん「便利なもの」すべてを否定しているわけではありません。それによって確実に私たちは満足感や充実感を得たり、暮らしが便利になっている側面も多分にあります。

しかし、それが肥大化しすぎた時に現代人は便利なものやサービスを使っているのではなく、その便利なものやサービスに「使われている」かもしれないことを留意しておかなければなりません。

これは第1章で述べた「お金を稼がなければ幸せになれない【依存】」という思考になってしまう理由の一つでもあります。

そして便利さに依存すればするほど自然と切り離された生活になってしまいます。

「便利さ」はお金の偏りを生んだ

「便利さ」の象徴でもある大都市東京を見てください。

東京スカイツリーの展望台からどのような光景が広がっているでしょうか？

灰色の四角い建物が地平線のかなたまで広がっています。自然はほとんどありません。完全に自然の循環と切り離されています。

よく、展望台からの景色が「綺麗」といってカップルに人気ですが、私は綺麗だと思ったことはありません。むしろ「灰色で汚い。不自然な景色だな」という感想を持ちます。

田舎から上京した時、コンクリートジャングルが心底嫌になって、自然が恋しくて、緑が見たくて、ひたすら青梅街道を自転車で西に走ったことがあります。

薪で炊事する代わりに電気でお湯を沸かし、井戸水や川の水の代わりに水道の蛇口をひねるんですから、自然と距離ができるのは当然です。

便利さを突き詰めると、あのような灰色の都市ができます。都市という便利さの従者になって働き続けることになります。

地方の人口が減っているのに反比例して都市の人口は増え続けています。これは私たちの中に「田舎は不便で都市は便利」という思考があるからです。

かくいう私も東京に漠然とした憧れを持ち、19歳で上京しました。

都市は特にお金に依存した社会です。例えば、農林水産省の発表するデータで見ると、食料自給率は日本全体で38％ですが、東京だけで見れば1％を切っています。

生活のすべてをお金で購入する都市ではモノやサービスの供給に対して人々の需要

が高くなります。

そのため、物価は高くなる傾向にあります。物価が高いのでさらにお金を稼ぐ必要があり、働くことになります。

資本力と規模で個人商店や中小企業を凌駕する大企業が市場を席巻し、効率性や便利さを提供しています。

しかし、その一方で、多くの人々がお金を稼ぐ先も、使う先も大企業に集中するようになり、経済的な選択肢が狭まってしまっているとも考えられます。

お金を介して大企業との関係が密接になるこの状況に、私たちはどのように向き合えばよいのでしょうか？

人々は便利なもので時間を浮かせて、浮いた時間で新たな便利なものに時間を使います。それら便利なものがなくては生きていけないのでお金を稼ぎます。

そして、稼いだお金は便利なものを提供してくれる大企業に吸い寄せられていく。

この便利さのサイクルは本当に私たちを豊かにしているのでしょうか？

さらに、税金や社会保険料も、私たちがお金に依存せざるを得ない状況を強める一因となっています。

日本では税金と社会保険料は別のものとして扱われていますが、海外では日本の社会保険料に相当するものを税金とみなす国もあるようです。

よく考えると、社会保険料も基本的に支払いが義務付けられているため、その性質は税金に近いと言えます。

ただ、「税金」という言葉が持つ印象を考慮し、社会保険料という名称を用いることで、ハレーションが生まれるのを抑えているのです。

２０２４年度、税金と社会保険料を合わせた国民負担率は45・１％となる見通しです。国民がもらっている給料全体の半分近くを、税金や社会保険料として払わなくてはいけない社会になっているということです。

ここで第1章からの話をまとめてみます。

○お金を稼ぐことは辛くて苦しくて大変なことだと感じている。
○お金を稼がないと幸せになれないと思っている。
○「便利なもの」に依存している。
○カットやアド、フォースによる便利さをお金で買うために働き続ける。
○無限に肥大化する「便利」というモンスターが生活をのみ込み、お金に依存することになる。

次章では、金融の歴史から見るお金の支配の仕組みを解き明かしながら、どのようにして今のような社会が形成されてきたのかをお伝えしたいと思います。

第3章

お金の歴史から紐解く支配の構造

お金とは何か？

お金とは何でしょうか？

この質問に即答できる方はなかなかいないでしょう。

買い物する時に使えるもの。働いて稼ぐもの。紙でできている。金属でできている。国によって違う。銀行の残高。電子マネーの残高。たまったポイント。マイル。クレジットカードの上限。国に支払わないといけない税金。浪費すると減るもの。投資すると増えるもの。約束手形。小切手。借金。国債。感謝を数値化したもの。信用を数値化したもの。価値交換チケット。人に命令できる券。権力……。

どれでしょうか？

このどれでもあるような気がしますし、どれでもないような気もします。

さて、経済学者はお金の起源について、どのように説明しているのでしょうか？

お金の起源について言及している思想家で有名なのはアリストテレスやアダム・スミスです。彼らは「お金は人間が物々交換を始めたことから生まれた説」を唱えていました。

他の経済学者たちもこれに倣って「物々交換起源説」を採用しているケースが多いです。読者の皆様の中にもなんとなくお金が物々交換から生まれたと思っている方が多いのではないでしょうか？

しかし、近年の人類学研究ではお金の起源は物々交換ではないということが分かってきました。

では一体お金の起源は何なのでしょうか？
答えは**信用（クレジット）取引**です。

なぜ信用取引がお金の起源であるかの説明の前に、経済学者がこれまで語ってきた「物々交換起源説」について簡単におさらいしておきましょう。

空想の物々交換

まず、物々交換がありました。魚を釣るのが得意な人、野菜を作るのが得意な人、動物を狩るのが得意な人、お米を作るのが得意な人、道具を作るのが得意な人。様々なことを得意としている人たちが暮らしていました。
そして、魚と野菜を交換したり、動物とお米を交換したりして様々な価値を享受していました。

しかし、いつも交換が成立するとは限りません。魚と野菜を交換しようとしても、「今は魚が余っているからいらない」と言われてしまえば交換が成立しません。

そこで、人々は**「誰もが欲しがるもの」**を交換の際の媒介物として使い始めました。例えば、米や穀物、塩、絹、家畜などです。

これらは誰もが欲しがるものなので、交換の際に一定の尺度となり価値の移動がスムーズになりました。

「米はいらないってことはないよね？　魚と違って割と保存も利くし。代わりに野菜ちょうだい」

「米ならたくさんあっても困らないか。いいよ」

このような感じですね。この場合の米や穀物、塩、絹、家畜などのことを物品貨幣と言います。

しかし、物品貨幣は価値が安定しないという欠点がありました。米や穀物は鮮度がありますし、家畜も質があります。交換のための運搬が大変だったり、たくさんありすぎて困ったりする場合もあったかもしれません。

そこで、価値が安定し、保存や交換に適している金や銀などの金属貨幣が用いられるようになります。金属貨幣であれば腐ることもないし、米や家畜よりは運搬が楽ですよね。

しかし金属貨幣も完璧ではありません。人から人の手に渡ることで摩耗による価値の減少や純度の不統一、大量には運搬のしづらいこと、盗まれるリスクなどの問題を抱えていました。

そこで銀行という商売が生まれました。

銀行に金や銀などの金属貨幣を預けることによって、盗まれるリスクは少なくなりました。誰の金属貨幣をどれくらい預かったかわかるように、引き換え券を発行し「こ

盗まれるリスク低下

の引き換え券を持ってくればいつでも金属貨幣や金と交換してあげますよ」という**約束事を取り付けました**。

すると金より軽くて持ち運びに優れた紙である引き換え券を、取引の支払いに使う人が現れました。

「これを銀行に持っていけば金と交換できるよ。だからこの券は金と同じ価値。このパンとビールの支払いに充てられるよね？」「それならいいよ」といった感じで、取引が行われていたのでしょう。

これが**紙幣の始まり**です。

つまり紙幣は少し堅い言い方をすれば

債権証書なんですね。

この**「いつでも金と交換できますよ」という保証された紙幣のことを兌換紙幣《だかんしへい》**と言い、金との交換を裏付けとした経済システムを金本位制と言います。

1816年にイギリスでスタートし、世界各国に広まった金本位制は、第一次世界大戦や世界恐慌の混乱によって、停止と再開を繰り返します。

1944年、2度の大戦で独り勝ち状態のアメリカは、ブレトンウッズ体制をしきます。これはアメリカのドルだけを金と交換できる兌換紙幣とする体制です。ドルを基軸通貨として固定相場制を取ることで各国の通貨は必ずドルを介さなければ金と交換できなくなりました。

1971年、輸入過多による金の流出で金保有量が少なくなってしまったアメリカは金本位制の終了を宣言します。これをニクソンショックと言います。こうして150年以上、世界の経済システムとして君臨した金本位制は終了しました。

その後、金本位制の崩壊と共に、**金の裏付けではなく、政府の信用で中央銀行が銀行券を発行する**管理通貨制度が主流になりました。

この**管理通貨制度で使われる紙幣を不換紙幣《ふかんしへい》**と言います。不換とは「交換しない」という意味で「金とは交換しない紙幣ですよ」というわけですね。

非常に大まかではありますが、このようなお金の歴史が経済学者の間で語られてきました。金属貨幣から紙幣が生まれ、金本位制を経て現在の管理通貨制度となった歴史に異論はないでしょう。

しかし、物々交換から物品貨幣や金属貨幣が生まれたという部分の説明については大きな疑問が残ります。

そもそも物々交換が成立する条件は極めて難しいと言わざるを得ません。

例えば、肉と魚を物々交換する単純な例を想像してみましょう。肉と魚の物々交換

なかなか奇跡的なマッチング

が成立するためには、肉が欲しくて魚が余っている人と、魚が欲しくて肉が余っている人がマッチングする必要があります。その物品の鮮度が保たれた状態で、需要と供給のパズルがピッタリと合致する必要があるのです。

よく考えればそのような偶然性に頼った社会システムが人々の暮らしに定着するとは考えづらいのです。

これらのことから物々交換は経済学者がお金の起源を説明する際に創り出した都合のいいおとぎ話であり空想だったことがわかります。

お金の起源の真実

では本当のお金の起源はどこにあるのでしょうか。

人類学研究の中ではお金は古代シュメール文明で生まれたと言われています。

シュメール文明は、紀元前3500年からあったと言われていて、文明の定義にもよりますが、世界最古の文明と言う人もいます。有名なメソポタミア文明の前身となった文明と言った方がわかりやすいかもしれません。

巨大な神殿を中心とした都市国家が発展し、神殿を管理する官僚、そこで働く聖職者、工作者、農民、牧羊者などの労働によって経済が成り立っていました。

あらゆる経済活動は当時の官僚たちによって定められた銀と大麦を基本単位として計算されていました。左記が基本的な銀と大麦のレートです。


銀1シェケル＝大麦1ブッシェル＝大麦60クォート

大麦1クォートが一食分に相当し、一日2回食事するので、大麦60クォート（大麦1ブッシェル）は1か月分の大麦に相当しました。そしてそれは銀で計算すると銀1シェケルということになります。

これだけ聞くと、物品貨幣や金属貨幣のように思えますが、その実態はそれらとは異なっていました。実際には銀や大麦が決済の度に流通するようなことはなかったのです。

ではどうしていたか。その答えは**信用（クレジット）取引**です。シュメール人はあらゆる決済を粘土板に記録していたのです。

商品の購入記録、銀の貸し付け、地代、労働に対する給金、それらを粘土板に記録し、丁寧にハンコも押していました。ハンコは現代のハンコとは違って円筒形の側面に模様が刻まれており、粘土板の上をコロコロと転がしたようです。そうして記録し

粘土板

Mesopotamia. Clay Tablet. Pictographs drawn. Early writing tablet recording the allocation of beer. Iraq. Late Prehistoric period. 3100-3000BC. British Museum, London, England, United Kingdom. (Photo by Prisma/Universal Images Group via Getty Images)
PHAS / 寄稿者

円筒形のハンコ

UNSPECIFIED - CIRCA 1986: Sumerian civilization, 3rd millennium b.C. Cylinder seal and impression of a governor of Nippur. (Photo By DEA / G. DAGLI ORTI/De Agostini via Getty Images)
DEA / G. DAGLI ORTI / 寄稿者

たものをもとに、後日まとめて銀の支払いが行われました。

といっても、銀を実際に流通させていたのは一部の商人だけでしたし、その商人たちも銀の受け渡しをすることはほとんどなく、その決済や譲渡はほとんど粘土板で行っていました。無加工の銀塊はほとんどの場合、神殿の宝物庫や商人の自宅の金庫の中で動くことなく鎮座しているだけでした。

神殿で日常的に労働する庶民が銀を触る機会はほとんどなく、神殿への借金の支払いなどは主に大麦が使われました。だからこそ銀と大麦のレートが固定されていることが重要でした。

他にも、神殿に支払う場合は、大麦でなく家具などの物品でも代用が可能でした。神殿で扱う物品は幅広かったため、ほとんどすべての物品が支払いとして受け入れ可能だったのです。

庶民が酒屋で酒を飲む場合もあったそうですが、そういった場合も、後日大麦で支払うといったツケでの支払いが通常だったようです。

現代ではクレジットカードなどで決済を行うことは当たり前のことですよね。クレジットカード会社が一時的に立て替えを行い、期日に引き落としが行われます。カード保有者の信用、「期日までに返済してくれるであろう」という返済能力を信用して決済するんですね。

お金の起源はこれまで信じられてきた物々交換的な世界観から出発した貨幣による商品交換ではなく、現代の私たちが当たり前に行っている信用（クレジット）取引だったのです。

紀元前3500年のシュメール文明の時代に既に私たちが日常的に行っている信用取引の仕組みが完成していたとは驚きですよね。

このお金の起源から見えてくる本質は**「お金は負債の記録である」**ということです。負債そのものであると言ってもいいかもしれません。

誰もが「誰かに対して借りがある」という経験がありますよね。何かをもらった、よくしてもらった、お世話になった。

それを**具体的な数字や尺度を使って記録し、返済義務を生じさせるもの。**それがお金の起源であり正体なのです。

人はいつも権力に支配されてきた

さて、この章のタイトルは「お金の歴史から紐解く支配の構造」です。

ここまでお金の起源、お金の本質について言及した理由は、まさにこの「お金は負債の記録である」という事実が**現代の支配構造に大きく関わっている**からです。

「この世界は支配されている」と言うと、すぐに「陰謀論だ」と言われてしまう世界に私たちは生きています。この「陰謀論」という言葉の中には「一部の権力者が世界支配を企んでいてそれを実行に移しているなんて、荒唐無稽で非現実的でバカげている」というニュアンスが含まれています。

よく子どもたちが視聴するようなアニメやおとぎ話の中で、世界支配を企む悪者がいて正義の味方がやっつけるといったものがありますが、そういったイメージも手伝って「陰謀」なんて子どもっぽいとかフィクションだと思う方もいるでしょう。

しかし、**歴史を振り返れば権力者が民を支配した歴史しか残っていません**。世界最古の文明の一つと言われているシュメール文明もそうですし、エジプト文明やローマ帝国、中国の戦国時代、大航海時代に起きた西洋による世界侵略、植民地支配。そこから始まる奴隷貿易、アヘン戦争。歴史のどの部分を切り取っても持つ者が持たざる者を武力で制圧し、領地を奪い、支配していたという記録だけが残っています。

そしてそれは現代でも何ら変わっていません。王族や貴族による支配が、大企業や政治家、国際金融資本家に取って代わっただけで本質的な搾取、支配構造は何も変わっていません。

そのことに**誰もが薄々気付いているけれど、「自分たちが搾取、支配されている」**

ことを認めてしまうと惨めでどうしようもない気持ちになるので「陰謀論」ということにしておいた方が**心の安定を保てる**という心理が働いているのかもしれません。
世の中で異常なことが起きていればいるほど、正常な範囲だと冷静さを保とうとする正常性バイアスが働いている可能性も高いでしょう。

「陰謀」という言葉は「陰（かげ）の謀（はかりごと）」と書きます。隠された計画という意味です。「これから庶民の皆さんを支配します！」と宣言してから支配のための計画を遂行する権力者はどこにもいませんね。支配するための計画は隠されるのが常です。

過去数千年、権力者は神という信仰の対象を作ることで庶民を支配していることを隠してきました。人々がつつましく暮らし、宗教的教義に従うのは、神が常に見ていると信じられていたからです。

現代では徐々に神から紙、つまり紙幣などのお金へ信仰の対象が移行し、庶民を支配しています。私たちは民主主義、人権、自由、平和、自由市場経済などの言葉を信じて、自由を手にしていると思っています。

しかし、これらの言葉が果たしてどこまで実質的な自由や平等をもたらしているのか、一度立ち止まって考える必要があるかもしれません。

「陰謀論」という言葉もまた、こうした問題に目を向けさせない仕掛けの一つだと考えることができるでしょう。

支配とは何か？

支配について言及する前に「支配」という言葉の理解を深めなければなりません。

支配とはどういった意味でしょうか？

言葉の意味を調べると「ある地域や組織に勢力権力を及ぼして、自分の意のままに動かせる状態に置くこと」（大辞泉）と出てきます。また、類似の言葉として統治、占有、占領などの言葉があります。

支配という言葉を分解してみると「支えて配る」という意味が見えてきます。支配という言葉の持つ威圧感、強引感と「支えて配る」という言葉は少しイメージが違いますよね。

これは「なぜ支えて配るのか」を考えれば謎が解けます。庶民が生きていくために必要なものを権力者が「所有」しているから「支えて配る」ことができるのです。

そして**「支えて配る」ことによって発生するのは庶民と権力者の依存関係**です。権力者は庶民にえさを与えます。文字通り「支えて配る」ことによって依存関係を作り支配するのです。

例えば、私たちは様々な便利な社会インフラに支えられ、それらを配られて、完全に依存しています。電気、水道、ガス、住宅、車、スーパー、各種交通機関など、便利なものやサービスが無限に供給され、それらをお金で買わなければ生活が成立しないようにデザインされた社会であることは第2章で述べた通りです。

権力者が所有しているのは当然「権力」です。権力とは権利を行使することによって得られる力のことです。

現代の権力者が所有している権利とはお金や資産です。

「お金は負債の記録である」と先ほどお伝えしました。権力者は**庶民から負債を回収するための債権である莫大なお金を所有している**からこそ権力者であると言えます。

そして**庶民は権力者に対して負債を抱えている**からこそ、その負債を返済するために終わらない労働に明け暮れているのです。

奨学金、家のローン、車のローン、クレジットカードでの買い物など、あの手この手で負債を負わせる仕組みになっています。社会で生活する上で必要なお金も、払わなければならないお金である以上、実質的な負債と言えます。とどまることなく、増え続ける税金や社会保険料も政府に対して負っている負債であると言えるでしょう。

持つ者は債権という形で負債を回収する力を持ち、持たざる者は労働などを通じてその負債を返済する責任を負う仕組みが、社会の一部として機能しています。

お金を媒介にすると、時には不平等や不条理な状況が、その仕組みの中で正当化されてしまうこともあるかもしれません。

「所有」概念が生み出した「義務」

今このような社会になっている大元の原因を辿ると、**負債を記録し始めた、つまりお金を発明したことがすべての原因**と言えます。

では、シュメール文明以前、お金が存在しなかった時の人類の経済活動はどのように成立していたのでしょうか?

物々交換でないとしたらどうしていたのでしょうか?

答えは非常にシンプルです。

ただ、**あげたりもらったりしていた**のです。

なんか拍子抜けしてしまいますね笑

例えば1万6000年前から存在していた可能性があると近年注目されている縄文文化などがそうであったと言われています。

縄文時代の人々は自分が狩猟や採集で得た食べ物などの成果物を「自分の所有物」だと認識していませんでした。それどころか、**「所有」という概念自体がありませんでした**。地球上で得られるすべてのものは自然が分け与えてくれたものであって、自分が所有しているといった発想自体が存在していなかったのです。

自分の所有物ではないので、余ったら誰かにあげるのは当然のことでした。

魚を捕まえるのが好きな人、アクセサリーを作るのが好きな人、動物を捕まえるのが得意な人。それぞれが好きなことをして余ったら誰かにあげる。

それだけで紀元前1万4000年~紀元前2500年までの1万年以上もの長い期間、争いがない社会を築けていたと言われています。

「誰かに何かをしてあげた」「誰かに何かをしてもらった」そんなことをいちいち記録しておらず、人々の記憶の中に感謝の気持ちや信頼関係という形で蓄積させていただけだった縄文人に対して、それらを粘土板に記録し始めたシュメール人。

なぜ記録し始めたかはよくわかっていませんが、粘土板に記録すると、不思議なことが起こり始めます。

「してあげた」「してもらった」ことが縄文人の社会では当人同士の頭の中の記憶としてあるだけでした。

しかし、それらが**記録として粘土板上に残ると、「負債を返済しなければならない」という義務**が発生します。債務です。してあげた方は見返りを要求するようになり、してもらった方はその見返りに従って負債の返済を迫られます。信頼関係や感謝の気持ちという目に見えない人と人のつながりが粘土板の記録に置き換わったのです。

共同体で共有し分かち合っていた価値が、**個人個人の所有物としての価値**、という

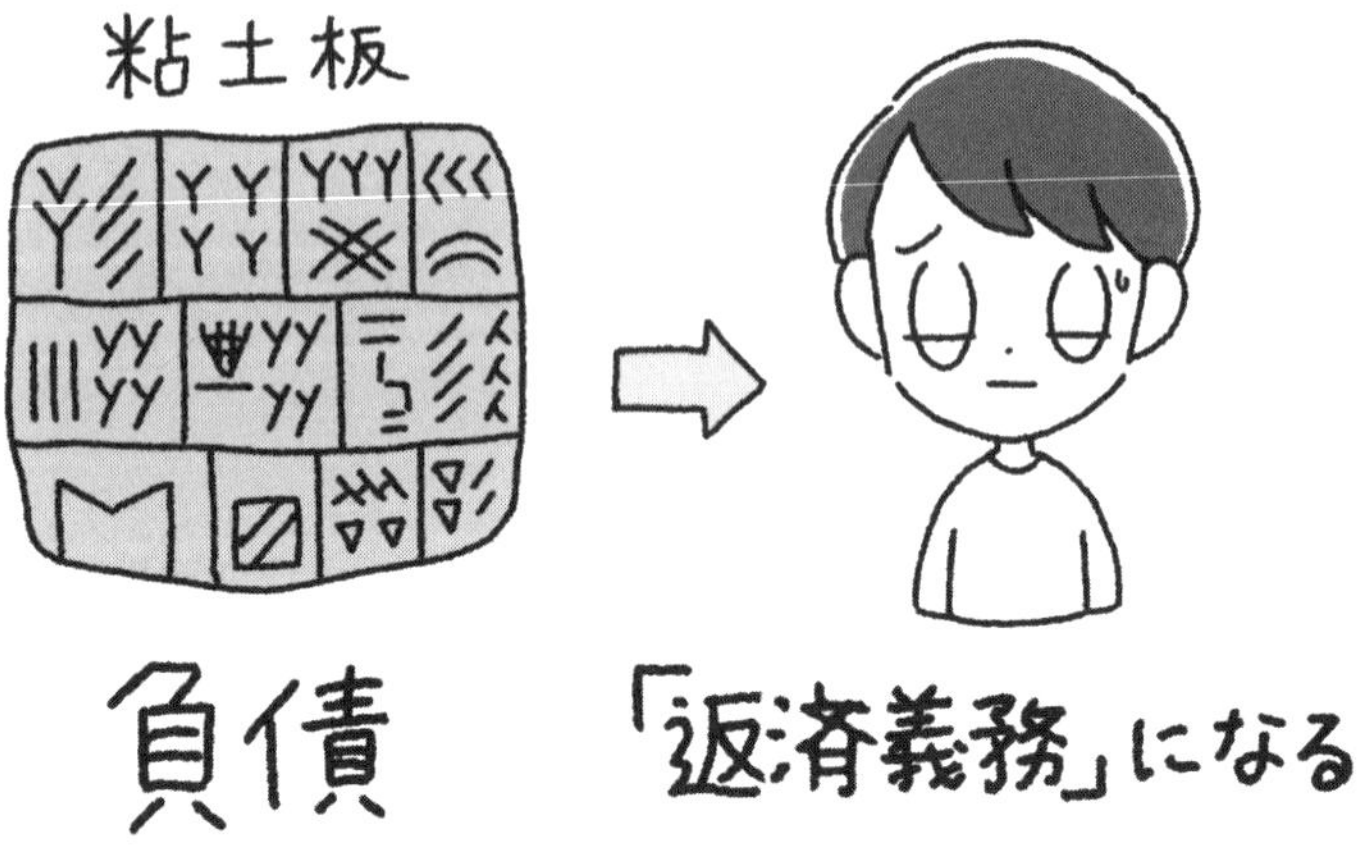

性格が強くなります。それまでなかった所有の概念が取引を記録するだけで色濃くなっていきます。

こうして共同体は個人個人に分離され、価値が偏り、持つ者と持たざる者が生まれ、身分やヒエラルキーが発生します。

お金は「負債の記録」であると同時に「所有」の概念を強固なものにする性質も持ち合わせているのです。

「所有」概念が引き起こしてきた悲劇

現代のお金はこの所有の概念を強固にしすぎた結果、完全に暴走しています。

その結果、お金を持つことで得られる力が、物や土地、さらには人々を自由に扱う権利とみなされるような状況が生まれています。

その証拠に人類は地球を自分たちの所有物のように扱っていますよね。資源を食い尽くし、環境を破壊して、戦争で地表を焼け野原にしても地球に対して「申し訳ない」という気持ちはなさそうです。戦没者遺族に謝罪することはあっても、地球自体に謝罪しているのは見たことがありません。

戦争は、多くの場合「所有」の概念から生じた人類の問題であることは明らかです。

エルサレムを巡るユダヤ人とパレスチナ人、そしてその周辺地域の複雑な紛争も、歴史的・宗教的背景を持つ土地の「所有」に対する思いが影響しています。

このように、ある場所や資源を「特定の集団に与えられたもの」として意識することで、長きにわたる対立が続くことになるのであれば、果たして「所有」とは何なのか、「神」とは何なのかを考えさせられます。

大航海時代にはスペインとポルトガルの間でトルデシリャス条約という条約が結ばれました。大西洋に子午線（教皇子午線）を引き、その線の西側をスペインの勢力圏（探検や植民地化の優先権）、東側をポルトガルの勢力圏と定めました。

その条約の締結を許可したのが、当時のローマ教皇であるアレクサンデル6世。当

世界を二分したトルデシリャス条約

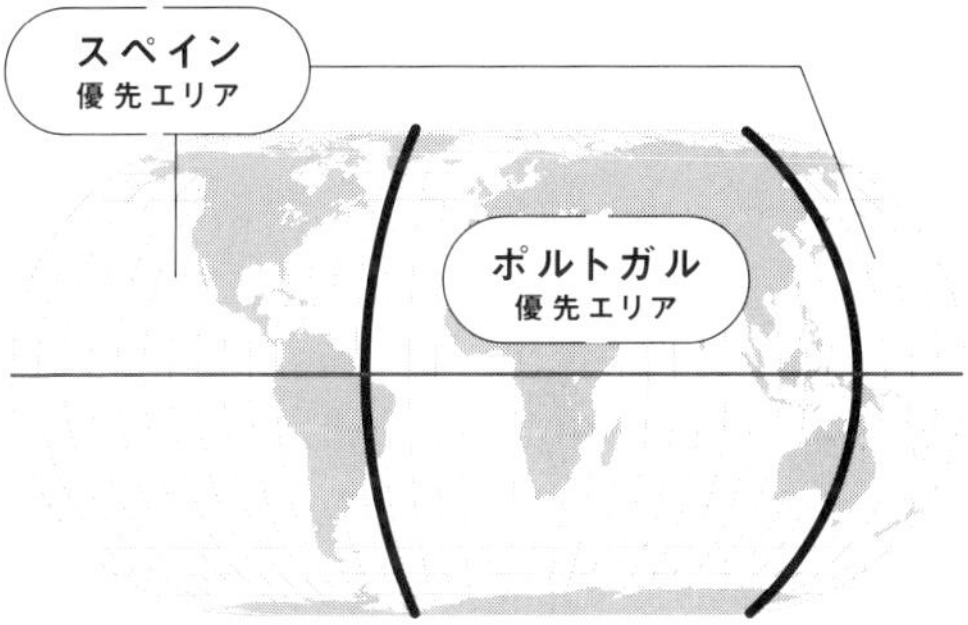

ウィキメディア・コモンズ (https://commons.wikimedia.org/wiki/File:Philip_II%27s_realms_in_1598.png) を参考に著者作成

時の人々、特にカトリック教徒にとっては、ローマ教皇の勅書は「神の意志」とみなされており、条約の正当性を宗教的に裏付けるものとなりました。

その後に何が起きたかは歴史が示す通りです。

ポルトガルから出発したバスコ・ダ・ガマはアフリカの海岸線沿いを進みインドに着くと、香辛料貿易の拠点の確保を行いました。当時のポルトガルは、条約によって「東側の勢力圏」が自国に属していると解釈しており、現地の支配権を主張しました。その過程で、暴力的な衝突が頻発し、多くの現地住民が犠牲になったのも事実です。

さらに、イタリア出身のコロンブスが、スペイン王室の支援を受けてアメリカ大陸に到達したことをきっかけに、西洋諸国によるアメリカの植民地化が急速に進みました。

その過程では、先住民が大量に虐殺され、奴隷化され、土地を奪われるといった悲劇が繰り広げられました。

これらの行為は、西洋諸国がキリスト教の名のもとに新たな領土とその住民を「所有する権利」を主張することで正当化されていました。

南アメリカ大陸のインカ帝国や東南アジアの地域も、同様に西洋諸国の侵略と支配を受けました。航海術を発展させた西洋人たちは、世界中に進出し、土地や資源を収奪し、多くの地域で人々を従属させました。

人類の歴史は、所有という利己的な欲求と、それを正当化する宗教的な許可によって暴力が容認されてきた歴史でもあります。

そして現代においては、その宗教的正当化が**「債務を回収する権利」としてのお金に置き換えられただけ**とも言えるでしょう。

アレクサンデル６世を悪魔に模した風刺画

French caricature of Pope Alexander VI, 1 January 1431 - 18 August 1503. Caption: 'Ego sum Papa' ('I am the Pope')
写真：Lebrecht/ アフロ

お金の源

お金の話に戻します。権力者はお金という権力を所有しているという話はしました。

しかし、権力者を権力者たらしめているものはお金だけではありません。

その**お金が発生する仕組みそのもの**に仕掛けがあるのです。

1971年にアメリカが金本位制を停止したことによってそのシステムが崩壊したことはお伝えしました。

その後、世界は管理通貨制度を採用します。それまで、兌換紙幣として金の交換が保証されていたお金は不換紙幣となり、金と交換できなくなりました。

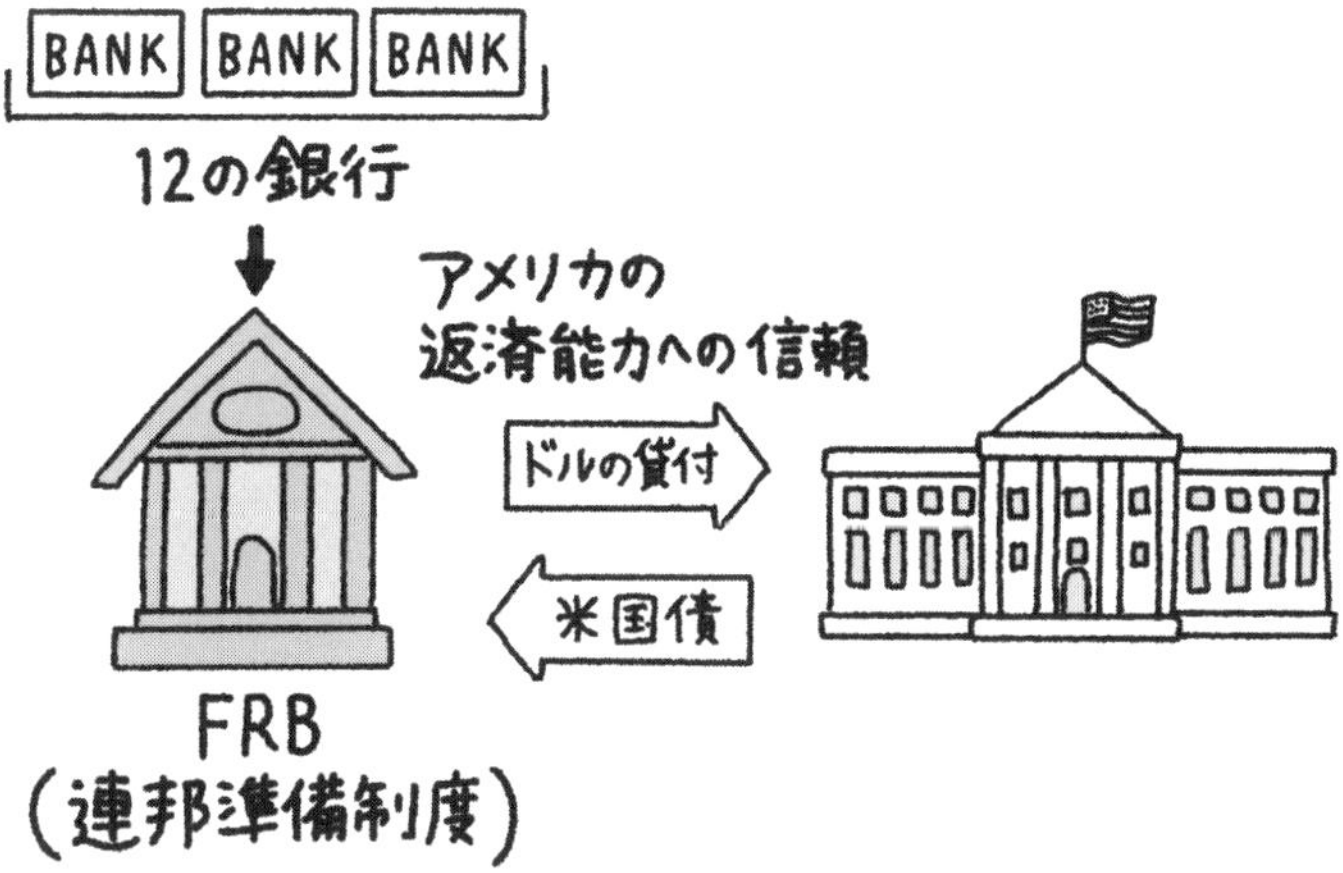

不換紙幣は**「貸し付け対象の返済能力に対する信用」**を根拠に発行されていました。

例えばアメリカではFRB（連邦準備制度）という中央銀行がドルを発行しています。発行しているというより、アメリカ政府にドルを貸し付けていると言った方が正確でしょう。FRBはアメリカという国に対して「返済能力がある」と信用し、利子付きでドルを発行し貸し付け、代わりに米国債を得ます。

お金とは負債の記録ですから、誰かが誰かに貸し付けた時に生まれます。

ＦＲＢがアメリカに貸し付けた時にドルがこの世に生まれます。

ＦＲＢはこの時何をしているのでしょうか？

実はアメリカ政府の口座の数字をコンピュータ上で操作し、増やしているだけなのです。ＦＲＢはコンピュータの画面上でワンクリックするだけで場合によっては何億ドルという貸し付け、利子を生み出すのです。


金本位制がまだあった時代は、そんなことはできませんでした。自国で保有している金の量以上に通貨を発行することはできなかったからです。

しかし、管理通貨制度となった現代では、ＦＲＢはアメリカ政府の返済能力を信用しさえすれば無限に通貨を発行、貸し付けることができます。

「アメリカ人はたくさん働いて価値を生み出すだろう」「利子を付けても返済は可能なはずだ」という返済能力に対する信用さえあれば、いくらでも通貨を発行できるのです。

ＦＲＢとは一体何なのでしょうか？

実はＦＲＢはアメリカの各州にある12の銀行の集まりで、そのほとんどは国際金融資本家のものです。ますますわけがわからないですよね。

アメリカ政府の国家予算や国民に流通するドル、世界に存在するドルは元はと言えば、ＦＲＢという中央銀行がアメリカに貸し付けたもので、借金なのです。アメリカ政府はＦＲＢに対して莫大な負債を抱えているのです。

ＦＲＢがアメリカ政府にドルを貸し付ける限り、世界に存在するドルの量はどんどん増えていきます。実際、コロナ禍前とコロナ禍後では世界に存在するドルの量がおよそ2倍に増えました。増えすぎて行き場を失ったマネーが株式市場に流れ込み、コロナ禍であるにもかかわらず株価が好調だったことは記憶に新しいでしょう。

金本位制の崩壊と共に、お金が無限に増える仕組みができ上がったことで、物価や株価は上昇し続けます。

経済は常に成長を求め、資源は食い尽くされ、環境は破壊し尽くされ、庶民は終わらない労働に明け暮れます。

その根本には**ノーリスクでほとんど無限に通貨を貸し出し、利子を得ることができる国際金融資本家の権力があります**。まさに世界のすべてを所有していると言っても過言ではないほどの権力です。

では日本の場合はどうでしょうか？

日本の中央銀行である日本銀行（日銀）はＦＲＢのように１００％私有銀行ではなく、日銀の資本金を55％日本政府が出資しています。

そのため、日銀は日本政府の子会社という立ち位置です。日銀は結果的にはＦＲＢと同じような動きをします。市中銀行を介しはしますが、結果的に日本政府が発行した国債を買い取り、市場にお金を供給します。

日本政府は日銀に借金を返済する際、利子を払わなくてはなりませんが、日銀は政府の子会社なので政府の言いなりです。一度支払った利子は国庫納付金という別の名目で日本政府に返ってきます。

つまり、日本政府は**利子というリスクを負うことなくほとんど無限にお金を日銀から借りることができる**のです。

またこの借金はいくら借りたとしても返済できなくなるということもありません。借金の返済期日が来たらまた国債を売って資金を調達すればいいだけの話だからです。日銀は最終的に国債を買い取ってくれますし政府が無限に借り換えをして借金を増やし続けても文句を言いません。子会社だからです。

よく「国債を発行して日本の借金を増やし続けたら、ギリシャやアルゼンチンのように日本は財政破綻する」と言う論者がいますが、全くの的はずれです。

ギリシャはユーロ建てギリシャ国債を発行して資金を調達します。簡単に言えば、ユーロで借金してお金を調達するのです。

しかしギリシャ政府はユーロの通貨発行権を持っていません。ユーロの通貨発行権はＥＣＢ（欧州中央銀行）の特権です。ですから、その借金を返済するには自国の経済で利益を生み出し、税金を徴収し、返済しなければなりません。その返済が滞ったために破綻したのです。アルゼンチンもドル建ての国債を発行していたので破綻しました。

日本政府が発行する国債は円建てです。先ほども言ったように借金を返済する際には、また国債を発行して資金を調達し借り換えてしまえばいいだけです。ギリシャとアルゼンチンとは全く状況が違います。

アメリカの場合は力関係が完全にＦＲＢの方が上でしたが、日本の場合は、日本政府の方が立場が上だと言えるでしょう。ＦＲＢにしろ日本政府にしろ、お金を無限に生み出せる権力者が存在していることに変わりはありません。

ほとんど無限に借金を積み上げても財政破綻しないからといって、お金を生み出し続けていいのでしょうか？

お金は負債の記録なので、無限にお金を生み出す力を持つということは、無限に庶民に対して負債を生み出し、その返済のための労働を強いることができます。（通貨の発行上限は「価値を供給できる能力に対しての信用」によって決まるので、厳密には無限ではなく、「国民が労働できると信じる限り」ではありますが。）

膨張し続けるお金は常に経済成長を求め、資源を食い尽くし、環境を破壊し、庶民に終わらない労働を押し付けます。

これがお金による支配構造です。

ここまで、お金が持つ闇の部分にフォーカスを当て、お金が生み出す不幸や依存性、お金が生まれる仕組みから見えてくる支配の構造についてお伝えしました。

ここまで、気が重くなるような事実が続いてきましたが、次章ではお金の持つ光にフォーカスを当て、お金を幸せのために活用する術をお伝えしたいと思います。

第 4 章

お金の性質を理解して「使う側」になる

お金は紙一重な存在

ここまで暗い話をたくさんしてきました笑　疲れましたよね。お疲れ様です。ここからは未来に希望が持てるよう、明るい話をしていきますね。

お金は**人間が生み出した概念であり、道具**です。ハサミや包丁と同じなのです。道具には様々な使い方があります。

ハサミは紙を切ること、包丁は食材を切って美味しい料理を作ることができますが、人を傷つけることもできますよね。

お金も同じです。お金を使って幸せを創り出すことができる一方で、使い方を誤れば、人を不幸にしたり、不平等や暴力を助長する道具になってしまったりすることもあるのです。

この時、道具に罪はあるでしょうか？

もちろんありません。道具は道具です。

ハサミや包丁を使って誰かが傷つけられたとしてもハサミや包丁自体に罪はありません。同じように、お金を使って暴力を正当化している人がいたとしてもお金自体に罪はないのです。

つまり、**道具を使う人がどのような意志を持つかが大事**なのです。

第3章で、お金を使って人を支配している人たちがいることはお伝えしました。

何かの価値を得るためには常にお金が必要になります。都会であればあるほどその傾向は強くなるでしょう。

現代社会では、お金が本来の道具としての役割を超え、必要以上に大きな意味を持つようになっています。これにより、多くの人々が無意識のうちにお金に依存する状況が作られているのです。

誰もがお金に執着し、「お金を稼がなければ生きていけない」と思い込んでいますよね。それがお金に依存していることの何よりの証拠です。

まずはお金に対して必要以上に意味を与えすぎていることを自覚し、「単なる一つの道具である」ということを思い出す必要があります。

お金に対する過剰な信仰心をフラットな状態に戻すということですから、並大抵のことではありません。

が、不可能ではありません。一つ一つ信仰を手放していきましょう。

お金を稼がなくても生きていける

お金を稼がなくても生きていけます。

例えば日本には生活保護という制度がありますよね。お金を稼がなくても政府からお金がもらえるのですから生きていけますよね。


しかし、このようなことを言うと私たちの常識がザワザワし始めます。

「簡単に生活保護をもらえたら苦労しない」

「皆一生懸命働いているのに自分だけ生活保護をもらって生活するなんてずるい。不誠実だ」

「生活保護をもらうなんて惨めだ」

「生活保護をもらっての生活は様々な制限があるからしたくない」

「国民全員が生活保護をもらったら社会が成立しない。間違っている」


このような考えが浮かんでくるのではないでしょうか？

もちろんこのような考えを否定するつもりは毛頭ありません。ましてや「生活保護をもらいましょう」と言いたいわけでもありません。

私は単なる事実の話をしているのです。生活保護をもらえばお金を稼がなくても生きていける。これはまぎれもない事実です。

ですから、**「お金を稼がなければ生きていけない」というのは間違い**です。事実と異なります。


そして日本では基本的に餓死することがありません。

交通事故や病気で家族や友人、知り合いが亡くなることはあっても、餓死した、という話は聞いたことがありませんよね。日本では生きる意志さえあれば餓死することはほぼないのです。

日本は長いデフレに悩まされてきました。

それはつまり需要よりも供給が上回っているということです。

働きすぎなのです。

供給は足りているのですから、むしろちょっと手を抜くくらいが経済のバランス的にはいいのです。

「日本は生産性が低い。生産性を上げなければ世界と戦えない」という声が聞こえてきますが、生産性が高すぎるから需要に対して供給が上回ってしまい、デフレなのです。

もうちょっと**ダラダラ仕事をすれば供給が少なくなり、需要とのバランスがよくなる**可能性があります。生活保護をもらうということは一見すると個人の支援に限られた行為のように思えますが、供給を少なくして需要を増やすことですから、今の日本社会全体で見れば、必ずしも悪いこととは限りません。

また、自給自足に近い生活をすれば、限りなくお金を稼がずに生活することが可能です。

日本には山と海があります。海水が太陽の熱で蒸発し、水分を含んだ空気が風となり、山にぶつかり、上昇気流が生まれます。高度を上げ、冷えた空気は雲となりやがて雨を降らします。雨は山に降り注ぎ豊かな森を形成します。森が地面に張り巡らせた根がスポンジのように水を貯え、湧き水や川になります。水の循環によって豊かな自然の恵みが供給される島国、それが日本です。

世界の国々を見ると日本がどれだけ恵まれた環境であるかが見えてきます。内陸の国は基本的に雨量が少なく乾燥しています。なんとか地下水をくみ上げて水を確保している所もありますが、いつ枯渇するかわかりません。水が循環しているというのはとんでもないアドバンテージなのです。

そんな日本ですから、自給自足の難易度は他の国に比べてかなり低いのです。実際私の知り合いに山でほとんど自給自足の生活をしている方がいらっしゃいます。その方は全くお金を稼がないわけではありませんが、「お金を稼がなければ生きていけない」とは微塵も思っていません。

自給自足とまではいかなくても、田舎であれば生活コストを下げて支出を抑えることは可能です。実際に、生活保護をもらったり、自給自足に近い生活をするかどうかは問題ではありません。

大事なのは**「お金を稼がなくても生きていく道は存在するし、実際にそういう選択をしている人はいる」という事実**です。

この事実を念頭に置くだけでも、「お金を稼がなければ生きていけない」という呪縛から解放される一助になるのではないでしょうか。

お金は使ってもなくならない

実はお金は使ってもなくならないのです。

「そんな魔法みたいなことがあるわけない」と思う方もいらっしゃるでしょう。

第3章の内容を思い出してみてください。「お金は負債の記録である」とお伝えしましたよね。

お金は銀行が誰かに貸した時にこの世に生まれます。

例えば銀行がAさんに1000万円貸す場合、銀行は自分の資産1000万円をAさんの口座に移すわけではありません。コンピュータ上でAさんの預金口座に1000万円と記帳するだけです。こうすることによってこの世界に1000万円というお金が誕生します。

これを**信用創造**と言います。Aさんの返済能力（価値を生み出す能力）を信用してお金を創造したということです。この信用創造の仕組みでお金を創造できるのは中央銀行と市中銀行だけです。

私たちが持っているお札には「日本銀行券」と書かれていますよね？

日本銀行が発行した券だからです。ちなみに硬貨は日本銀行ではなく政府が発行しています。

反対にAさんが銀行に借りた1000万円を返済するとAさんの口座の1000万円というお金が消失します。お金は銀行に返済すると消滅するのです。

これを**貨幣破壊**と言います。お金は使うからなくなるのではなく、返すからなくなるのです。

例えば、日本政府が税収などを使って日銀に借金の返済（国債の償還）をすると、その分のお金が世の中から消滅します。

逆に言えばお金は銀行に返済しない限り消えないので、使ったとしてもこの世から消えるわけではないのです。

Aさんが B さんのお店で1000円のランチを食べた場合、1000円は消えてなくなりはしません。Aさんから B さんに移動するだけです。

屁理屈のように聞こえるかもしれませんが、冷静に次ページの図を見て考えてみてください。

Aさんが B さんのサービスに1000円支払い、B さんが C さんのサービスに1000円支払い、C さんが A さんのサービスに1000円支払ったとします。Aさ

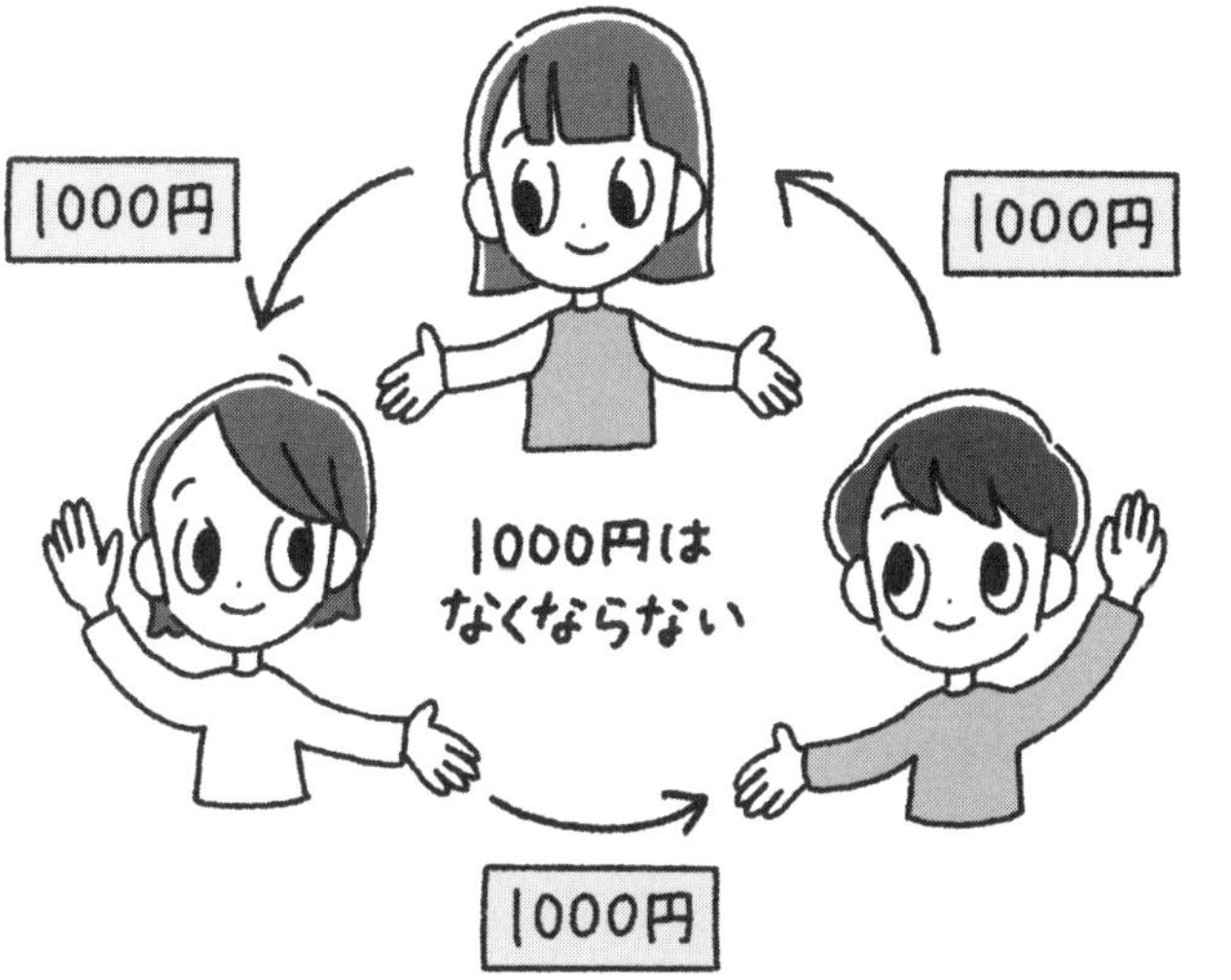

んから出発した1000円はBさん、Cさんの手を渡り、Aさんに戻ってきました。

1000円はなくなっていません。**ぐるっと一周しただけ**です。

この時、1000円が移動する方向とは逆の方向にサービスの提供が行われました。全員が1000円分のサービスを提供し、全員が1000円分のサービスを受け取りました。

お金が移動する度、サービスの提供と受領が行われる。お金が移動することで皆がサービスを提供したり受け取ったりして豊かになる。

お金と価値の循環、これこそが経済活動です。

しかし、私たちは「お金は使ったらなくなってしまう」と思い込んでいます。なぜなら**私たちが大企業でばかり買い物するようになってしまった**からです。

まだ大企業がほとんどなく、商店街が経済の中心だった頃は、お金は目に見えて循環していました。

魚屋さんは床屋さんでお金を支払い、髪を切ってもらいます。床屋さんは肉屋さんでお金を支払い、肉をもらいます。肉屋さんは魚屋さんでお金を支払い、魚をもらいます。それぞれのお店はお金を支払っても、回り回ってそのお金が自分の所に戻ってくることを知っていました。

そのため、お金を使う時も「使ったらなくなる」というような感覚ではなかったのです。お金は天下の回りもの、という言葉がそのことを端的に表現しています。

内部留保の推移(ストック)

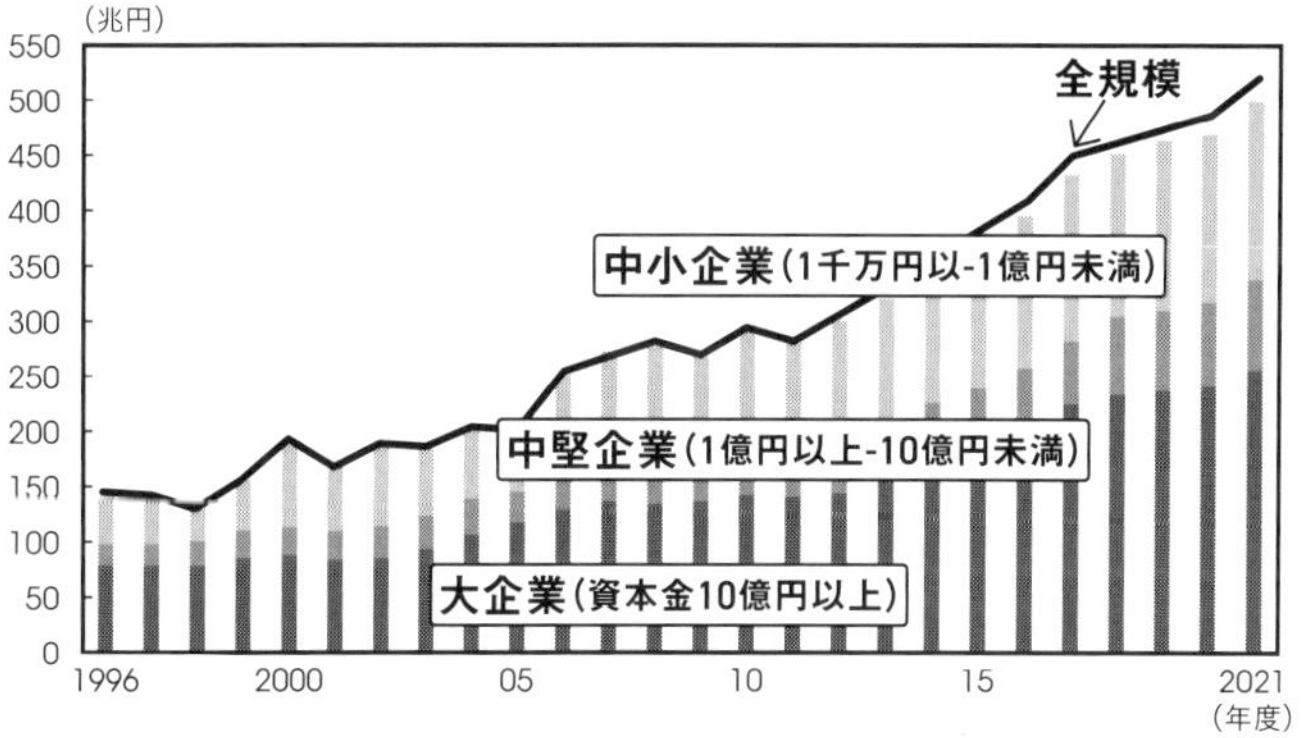

(注)1)「金融業、保険業」を除く全産業の数値。
2)内部留保(ストック)は利益剰余金を指す。
出典:財務省「法人企業統計(年報)」をもとに厚生労働省政策統括官付政策統括室にて作成したものを参考に著者作成

現代ではお金は大企業に流れるような仕組みになっています。最近した買い物を思い浮かべればおわかりいただけると思いますが、大手スーパーやコンビニ、通販サイト、有名な企業の商品など、すべてではないにしろ、大企業で消費活動を行っていることがほとんどではないでしょうか?

川の水のように循環していたお金がダムでせき止められ人工的な湖にプールされているような状況になっています。その証拠に企業の内部留保はこの20、30年を見ても上昇し続けています。

大企業は第2章で述べた便利さで私たちを依存させ、消費者が使ったお金を内部留保でプールし、循環を止めています。

政治家は大企業と結託して庶民からさらに税金を吸い上げます。消費税などがいい例です。消費税を上げて法人税を下げることによって大企業がさらに富を集積できる状況を作っています。

このようにして庶民の金銭状態がギリギリカツカツの状態を維持することが大企業と政治家の共通目的です。

そうすれば庶民が大企業と政治家のために働き続けてくれることを彼らは知っているのです。

しかし、本質は「お金は使ってもなくならない」のであり、循環する限り無限です。

お金は数字であり紙切れ

お金は単なる数字であり紙切れです。

銀行が民間に対して融資する瞬間、つまり民間の銀行口座の残高の数字を入力する瞬間に、この世に誕生します。

お金が誕生する瞬間というのはなんと淡泊なのでしょうか。

ただコンピュータのエンターキーを押すだけで生まれるのですから。お金が誕生する仕組みから考えてもお金が単なる数字であり紙切れであるということがわかると思います。

つまり、お金そのものには価値はないのです。
では何に価値があるのか。

それは**人が生み出すモノやサービス**です。
人が喜ぶものすべてに価値があります。
お金ばかり追うのを止め、逆に**お金以外のすべての価値や豊かさに目を向けてみてください**。

その中にはお金で買える価値も買えない価値もたくさん見つかるはずです。目を向ける場所を変えれば、「お金がない世界」ではなく、「お金以外の価値や豊かさにあふれた世界」が見えてくるはずです。

いかがでしょうか。お金に対する信仰はフラットになってきたでしょうか。

お金は稼がなくても生きていけます。
お金は使ってもなくなりません。
お金は数字であり紙切れです。

本当の価値はお金以外のモノやサービスで、それは私たちの周りにあふれています。
お金を特別なものだと思わないでください。

「お金が使える」こと自体、とてもありがたいこと

お金への信仰が一旦フラットになった所で、ここからはお金と自分の関係を再構築していきましょう。

あなたは、お金を支払って何かモノやサービスを購入した時、「ありがたい」という気持ちを感じているでしょうか？

現代社会ではなんとなく「お金を支払う側の方が偉い」という雰囲気が蔓延しています。「お客様は神様」と皮肉する表現が存在するように、お金を出している客であればモノやサービスを提供している側に対して強い態度を取っても構わないといった

風潮がありますよね。

30年近くデフレだった日本では需要に対して供給が上回るのでモノやサービスが余ることになり、相対的にお金の価値が上がっています。

民間の貯蓄や企業の内部留保は過去最高となっていますが、デフレ下での経済合理性を考えれば「お金を貯め込む」のは当然のことです。

しかし、お金の本来の成り立ちを考えれば、この**「お金を支払う側」と「お金を受け取る側」の力関係は本来逆である**

べきではないでしょうか。

お金は数字であり紙切れです。シュメール文明の粘土板が示すように、価値のやり取りをスムーズにするための、便宜的な負債の記録に過ぎません。

当たり前ですが、お金ではなくモノやサービスに価値があるのです。

私たちはお金を支払ってモノやサービスを提供してもらえることに感謝するべきです。

そして**モノやサービスを提供する側は価値を提供していることに誇りと自信を持つ**ことでさらに幸せになれます。

お金の捉え方を変える

お金を価値交換便利チケットとして捉えましょう。

チケットです。

チケットと言われると「使わなきゃもったいない」という感情が湧いてきませんか？

そうです。

お金は実は**「使わないと何の意味もないもの」**なのです。

そうですよね。当たり前のことなのですが、あまりにもお金に対しての思いが強くなりすぎてそう思えていない方が大半ではないでしょうか。

もちろん自分にとって価値のないものにお金を支払う必要はありませんが、本当に価値を感じるものには気持ちよくお金を支払いましょう。便利なチケットを使って生活を豊かで楽しいものに彩っていきましょう。

お金は充分にある

「お金がない」という言葉が口癖になっていませんか？

生活のほとんどをお金で買っている状況だと日々の支払いに追われ、「お金がない」と言いたくなることもありますよね。


しかし、お金は実は充分にあるのです。

世の中全体にどれくらいのお金が流通しているか、の指標をマネーストック、もしくはマネーサプライと言います。日本語で言うと通貨供給量ですね。

このマネーストックには複数の指標がありますが、「広義流動性」という世の中に流通する通貨のすべてを示す指標を見ると、２０２４年10月時点での通貨供給量はおよそ2181兆円です。
2181兆円と言われても正直ピンと来ないかもしれませんが、日本の国家予算が110兆円ほどであることを考えると、とんでもない量のお金であることはおわかりいただけると思います。

ちなみに世の中に流通している現金通貨の量は2024年10月時点で112兆円です。世の中のお金の9割以上が現金という形ではなく、銀行口座の残高などの形で存在しているんですね。

信用創造の仕組みでお伝えした通り、お金が生まれる瞬間は中央銀行なり市中銀行が融資を行った相手の口座の残高をコンピュータ上で増やしエンターキーを押した瞬間です。
紙のお金はその電子データを現実世界で持ち運ぶことができる形にしたものなのです。ちょうどパソコンのデータをUSBに入れて現実世界で持ち運べるようにしたのと同じような感じです。

日本政府の債務は2024年3月時点で1297兆円です。お金は借金が発生した時に生まれるものですから、政府が1297兆円借金することで同額の通貨を日本市場に供給していることになります。

しかし、それでも2181兆円には足りません。このお金はどのようにして生まれたのでしょうか。これは市中銀行が信用創造の仕組みで貸し出しを行った時に発生したお金です。お金を生み出せるのは日銀だけでなく市中銀行も同じなのです。

この2181兆円のお金は政府が国債を償還したり、民間が市中銀行に借金を返済したりすることで減少しますが、同時に国債を発行したり借入れが発生したりすると増えます。そのような増減を繰り返しながらこのマネーストックは緩やかに上昇を続けています。そして私たち日本国民の中で循環し続けているのです。

この莫大なお金を、例えば国民一人あたりが均等に保有していた場合、一人あたりおよそ1760万円ものお金を持っていることになります。

もちろんそんなことはあり得ません。実際には一部の資産家に富が集中しているのが現状なので1760万円のお金を持っているという方は少数でしょう。

私が強調したいのはこの世界にお金は充分にある、という事実です。

一部の人が独占しているけれど、それでもたくさんあることに変わりはありません。

そのような観点から言えば、「お金がない」というのは事実ではありません。

お金を本当の意味で所有することはできない

今までの話を踏まえて考えると、**あなたのお財布に入っているお金は、本当の意味であなたの所有物にはなり得ません。**

なぜならお金は人から人へ終わらない旅をしているからです。

旅をしているからお金なのであって、もしそのお金を誰かが持ち続けたとしたら、それは紙切れであり単なる電子データです。お金としての意味を成していません。

お金はたまたまその人のお財布や銀行口座に入っていることはあってもその人の所有物になることはないのです。

「お金持ち」という言葉があります。この言葉は「お金は所有するものである」という大誤解を引き起こします。

私たちは自分が所有しているお金しか使えないと思っています。

しかし、お金が所有できず、水や空気のように循環しているものだとしたら、使うのに所有する必要はなくなります。

私たちは空気を吸ったり、水を飲んだりする時にそれらを所有しているでしょうか？

所有していないからこそ必要な分は必要な時にいくらでも使うことができると考えることもできます。

お金は必要な時に必要な分だけ入ってくる

これはとても不思議ですが、**お金は必要な時に必要な分だけ入ってきます。**

こんな経験はないでしょうか？

車が欲しいと思ったらまとまったお金が入ってきた。旅行に行きたいと思ったらパートナーが旅費を全部出してくれた。大学に行きたいと思ったら親が学費を出してくれた。

何かしたい、欲しい、と思うとなぜか必要なだけのお金が入ってくるのです。

お金は水や空気と似た性質を持っていて、**循環するエネルギー**であるとも言えます。

そのため、人の想いに呼応して必要な所に集まってくる性質があるのです。

そしてその傾向は時代が進むにつれて強くなってきています。

例えばクラウドファンディングがいい例です。世の中にない○○なものを創りたい、という想いに心を動かされてたくさんのお金が集まってその想いを現実化することができますよね。

株式会社などの仕組みも同様です。株式会社は、これから行う事業プランやこれまでの実績を投資家に示すことで利益を生み出せることを証明し、投資を募ります。

そこに**何かしらの想いがあればお金は必要な時に必要な分だけ入ってくる**のです。

お金は人の想いに呼応するエネルギー

人の思考、記憶、感情はエネルギーです。

そのエネルギーがあるからこそ、人は様々なものを創造したり、現実化したりすることができます。世の中にある人工物は一つの例外もなく、「誰かが頭の中で思い描いたもの」です。

そして、単なる電子データであり紙切れであるお金も人の想いが付与されることでエネルギーとなります。

人の思考、記憶、感情を数値化して私たちに見せてくれます。その人の思考、記憶、感情を数値化したものが人の手を渡って旅をし、循環したり、人の想いに呼応して一か所に集まってきたりするのです。

よく「お金がない」と言う方がいらっしゃいますが、「お金があったら何をしたいですか？」と聞くと「欲しいものを買いたいだけ買ったり、旅行に行きまくりたい」という返答が返ってきます。

「欲しいものとは何ですか？　旅行はどこに行きたいのですか？」と聞くと、「その時に欲しいものを買いたい」「旅行はヨーロッパ？とかかな」といった感じで、具体的に考えているわけではない方がほとんどです。

ここからおわかりいただけると思いますが、彼らは**お金がないのではなく、想いがない**のです。あったとしても漠然としていて現実を創造するパワーを欠いています。

お金は人の想いに呼応するエネルギーですから、想いのない所には集まってきません。

お金持ちを目指すのではなく想い持ちになることでお金は必要な分だけ入ってくるようになっています。

第4章の内容を簡単にまとめてみましょう。

お金は数字であり紙切れでありながら、人の想いが乗ることでエネルギーとなります。お金は空気のように充分にあり、本質的に所有できないものだからこそ、必要な時に必要な分だけ使うことができます。

価値交換便利チケットなので使いたい時は使わなければもったいないのです。

お金は○○がしたい、△△が欲しい、といった人の想いがある所に集まってくるエネルギーなので、お金持ちではなく想い持ちになることで自在にお金を扱うことができるようになります。

この「想いを持つ」ということが次の章以降で非常に重要なキーワードになります。

次章ではお金と価値観の関係を説明していきます。

第5章

お金の悩みが消える方法

具体的な「想い」がお金を引き寄せる

第4章で想い持ちがお金持ちになると、お伝えしました。
お金はあくまで価値の交換をスムーズに行うための道具であり、手段に過ぎません。
何かがしたい、何かが欲しいという**想いが先で、お金は後**なのです。

多くの人が一度は思ったことがある「お金持ちになりたい」という願望は具体的な何かを欲している状態ではありません。生活のあらゆる場面でお金があると選択肢が広がるので、その選択肢が広がった状態になりたいという願望です。

このような願望は具体性を欠いています。

それに対して、既にお金に余裕のある人ほど具体的な願望を持っています。〇〇が欲しい、△△がしたい、世の中に××のような価値を提供したい、といった具体的な願望です。何かしらの想いを持っているからこそ、その想いを実現させるために必要なだけのお金が入ってきている状態なのです。

つまり、お金に縛られない自由で楽しい人生を謳歌しようと思ったら、まずすべきことは具体的な想いを持つことです。

具体的な想いを持つためには**自分だけの価値観がはっきりしている**必要があります。何に対して自分が「価値がある」と感じるかです。

あなたは自分自身がどのような価値観を持っているか、考えたことはあるでしょうか？

価値観は人それぞれです。

都会の生活に価値を感じる人もいれば、田舎の生活に価値を感じる人もいます。都会の生活が好きな人からすると、田舎の生活は楽しくないですし、田舎の生活が好きな人からすると、都会の生活は楽しくありません。

同じものでも価値観が正反対だと、結果も正反対になります。

だからこそ、「自分は何に価値を感じるか」をはっきりさせることが非常に重要です。それがはっきりしていないと、自分の選択を後悔することになりかねません。それこそ、田舎に住んでみて「全然楽しくない」という結果になってしまったりします。

現代人は、**自分の価値観をはっきりさせている人が非常に少ない**ように感じます。これはこの本で再三述べている通り、お金が力を持ちすぎているために、多くの人が「お金が欲しい」という価値観になってしまっているからです。

「お金が欲しい」という価値観は、価値観とは言えません。お金は価値を得るための手段に過ぎず、価値そのものではないからです。

価値観の画一化

そして、お金以外に関する価値観も教育、メディア、常識、といった情報の海に浸かることによって、**画一化**しています。

例えば、多くの方がマイホームを建てるために数千万円のローンを組みますよね。30年以上のローンを組み、返済のために会社員を続ける方も多いと思います。割合で言えば、日本人の半数以上の家庭が持ち家を購入し生活しています。

日本人の多くが「借金をして自分の家を建てる」ことに価値を感じている、そのような価値観を持っているというのはまぎれもない事実でしょう。

しかし、国や地域が違えばそういった価値観は多数派ではなくなります。モンゴルでは今でも多くの国民がゲルを住居として生活しています。ゲルは1時間程度で建てることができる移動式テント型住居で、ラクダやトラックに載せて持ち運ぶことができます。

遊牧民をルーツとするモンゴル人にとって、住居は「1時間で建てるもの」であり引っ越しは日常です。それがモンゴルの常識です。普段ゲルに住んでいる人に「日本人は家を建てるのに35年かけるんだよ」と教えたらおそらく驚くことでしょう。「家を建てるのになんで35年もかかるんだ。1時間で建てられるだろう」と。

同じ地球に住む人でも国や地域、環境が違えばこうも価値観が異なることは非常に興味深いです。

例えば私がインドに生まれていたらかなり高い確率でヒンドゥー教を信仰していたことでしょう。タイで生まれていれば、街中をゾウが歩いていることは日常の風景として何の違和感も覚えないはずです。

しかし実際には私は日本人ですから、自分がヒンドゥー教を信仰するどころか、ヒンドゥー教を信仰している人に出会うことすら稀です。街中でゾウに遭遇したら間違いなく絶叫しますし、動画を撮ってＳＮＳに上げるでしょう。

私たちは**自分で思っているよりも何倍も環境の影響を受け、自らの価値観を決定しているの**です。

今現在あなたが持っている価値観は日本の、それもあなたが住んでいる地域のごく狭い範囲のものです。そして日本という島国の常識、教育、文化、メディアの影響をあなたが思っている何倍も色濃く、強く受けているのです。

にもかかわらず、私たちは自分が持っている価値観を「自分が生まれながらに持ち合わせている価値観」「自分が心から望んでいる価値観」であると信じています。

果たして本当にそうでしょうか？

自分の価値観を知る

日本という環境の影響を全くゼロにして価値観を再構築することはできません。できたとしても、そんなことをしてしまったら日本人としてのアイデンティティを失うことになりかねませんし、する必要もありません。

しかし、それでも**今自分が持ち合わせている価値観が本当に自分の心から湧き上がってくる価値観や欲求かどうかは検証の余地がある**でしょう。

自分の価値観を知るには**周りと比較しない**ことです。日本人は自らの価値観の多くを「周りがそうしているから」という理由で決めすぎている気がします。「大学を出たら就職をしなければならない」というルールなどないのに大半の大学生が就職をするのは「周りがそうしているから」でしょう。

本当は選択肢が無限に拡がっているはずです。自らスモールスタートで事業を始めることもできますし、投資を募って大きく事業を始めることもできます。しばらく海外を旅して世界を見て回ることだってできます。趣味に没頭するのもいいでしょう。

本当は心のままに何をしてもいいはずなのに、選択肢が偏ってはいないでしょうか？

日本人がこのような国民性を身に付けた背景には、学校教育の在り方があるのではないかと私は考えています。

日本の学校教育で訓練し評価されるのは「正解を暗記すること」です。もちろん数学など、思考力を鍛える場面もありますが、授業で教えることやテストで求められることの大半は「正解を暗記すること」だと言っていいでしょう。

「これが正解なので覚えなさい」「あなたの解答は不正解です。正解はこちらなので覚えなさい」と9年間、高校まで入れると12年間言われ続けた子どもはどんな大人になると思いますか?

正解を探す大人になります。

自分の頭や心が出した答えを疑い、社会や権威が提示した正解を求めるようになります。それは大学などの学閥、学界、各種専門家、テレビのコメンテーター、大手メディアのニュース、政治家のコメントなどが提示した「正解らしきもの」をほぼ反射的に信用してしまうということです。

私は2020年からのコロナ禍でこのことを痛感しました。本当に事実かどうかがわからない報道が毎日繰り返され、多くの日本人がそれを信じている世界を見た時、不思議の国のアリスの世界に迷い込んだような感覚になりました。

誰かから正解を提示され、自分の価値観を「周りがそうしているから」という基準で決め続けた人間は、やがて自分の価値観がわからなくなります。自分の心が本当に

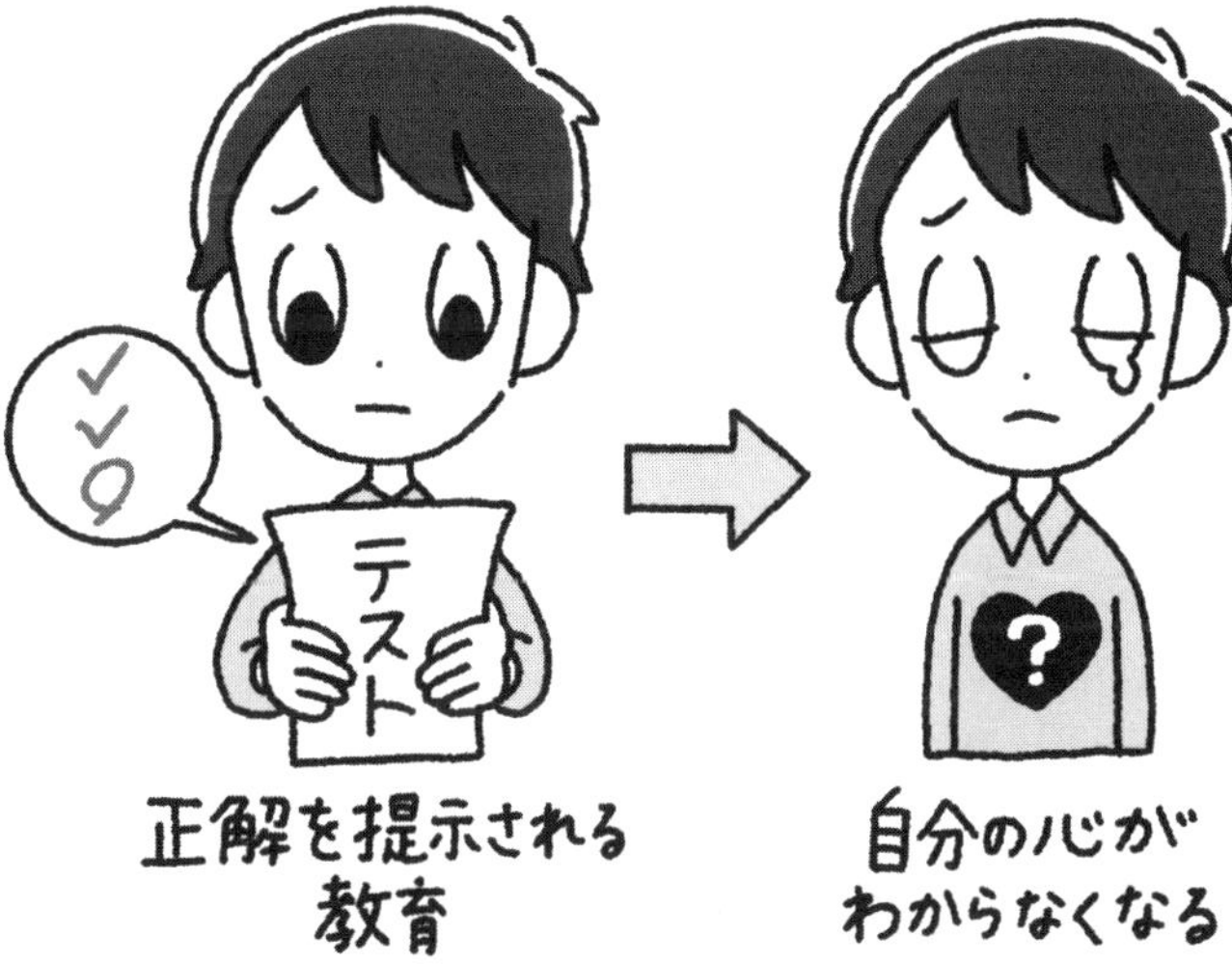

望んでいることがわからなくなります。自分の価値観センサーが麻痺してしまうのです。そのセンサーを再び反応するように戻すには自分自身に問い続ける必要があります。

「私は、本当はどうしたいのか」
「心から望んでいることは何なのか」

まずは昼食に何を食べるか決める時でも構いません。今、本当に食べたいものは何か、真剣に自分自身に問いかけてみるのです。

コツは**頭で考えるのを止める**ことです。頭を空っぽにして心にフッと浮かんだ感情や気持ち、思考、そういったものを拾い上げて採用します。日常の些細な選択から自分の心に問いかける癖をつけていくと、自分の心の望みがわかるようになってきます。段々と価値観の輪郭がはっきりしてきます。

価値観がはっきりするということは**お金を使う時の納得感も高くなります**。自分は○○には価値を感じるからお金を気持ちよく支払う、もしくは、△△には価値を感じないからお金はかけない、などお金をより効率的に自分の幸せや満足のために使うことができるようになります。

お金を支払う時の感情

お金を支払う時の感情を観察してみましょう。

あなたはお金を支払う時にどのような感情を抱いていますか？

気持ちよくお金を支払っているでしょうか？

それともお金を支払う時に嫌な気持ちを感じているでしょうか？


「また余計なものを買ってしまった」

「本当は支払いたくないが、この場は仕方ない」

「またお金が財布から出ていってしまった。今月はカツカツだ」


支払いの度にこのような感情が湧いてきてはいないでしょうか？


こういった感情は実はとてもおかしな感情であることは、ここまで本書を読んでこられた方にはおわかりになるのではないでしょうか？

お金という紙切れやデータ上の数字を消費することによって、実際の価値を手にできたわけですから、すべてのお買い物はハッピーにならなければおかしいのです。

お金の本質を理解していれば、支払いの際に得られる感情は喜びと感謝以外あり得ません。

そしてその喜びと感謝の大きさは買い物の内容によって変化するはずです。

例えば私はサウナが大好きでよく温浴施設に行きます。

温浴施設に行けば、たいていの場合1000円前後支払うことによって温泉やサウナを楽しむことができます。私にとってサウナは自分の心と身体をゼロの状態に戻してくれる場所で心身のリフレッシュに欠かせないものです。

サウナに入り、水風呂に入り、外気浴をしている時に、血液が全身を巡る感覚と共に自分の心身がエネルギーに満ち満ちていることを感じます。

それは絶対的な幸福感です。大袈裟でもなんでもなく、私はサウナに行く度にこの世に生きていることと、満たされた自分の生に感謝しています。私にとって1000円という金額は幸福を感じるには充分な金額です。

当然、お金を支払う時の感情は「本当にありがとう」「是非このお金をサウナ界の発展のために役立ててください」といったものです。これ以上ないくらい気持ちよくお金を支払えます。

自分の価値観に沿ったお金の使い方をしていれば、気持ちよく支払いができます。逆に支払いの際に気持ちよさを感じない場合、それは自分の価値観に沿っていないお金の使い方をしている可能性が非常に高いです。

お金を支払う際に頭を空っぽにして心に問いかけてみてください。「私の心はこのお金を支払って、価値を受け取ることに気持ちよさを感じていますか?」と。

フッと湧き上がってきた感情があなたの価値観です。もし感謝が湧き上がってくるなら、お支払いの際に是非「ありがとう」と相手に伝えてみてください。

お金をもらう時の感情

もう一つ確認すべき感情があります。**お金をもらう時の感情**です。

誰もが仕事をしてお金をもらったことがありますよね。アルバイトや会社員のお給料はもちろん、自分で事業を営んでいる方はお客さんから代金をいただくこともあるでしょう。

お金をもらったら誰でも嬉しくなります。嬉しくはなるんですが、その嬉しさがどういった種類の嬉しさか、もう少し深掘りしてみましょう。

お金をもらった時「こんなに頑張って苦労してこの金額か」と思ったことはないでしょうか？

この場合、稼いだお金は「嫌なこと」や「辛いこと」をして手に入れたお金ですよね。

もちろん、お金を稼ぐ際には大変なことだってありますし、時には嫌なことに向き合わなければならないこともあるでしょう。

しかし、あまりにも自分が「嫌だ」「辛い」と思うことを仕事にしてしまうとそのお金は**「辛く嫌なことをして得たお金」**になってしまいます。そうなると連鎖的に不都合なことが発生します。

そのお金を使う時に「またこの金額を稼ぐには辛く嫌なことをしなければならないのか」という気持ちが出てきてしまうのです。

私は会社員時代、仕事にかなりのストレスを感じていました。お給料も多くはなく、日給に換算すれば1万円ちょっとくらいだったと思います。久しぶりの休みを使って遊園地に遊びに行った時、私の日給1万円ちょっとのお金は簡単になくなりました。なんなら2日分の給料くらいはその日に消えていったと思います。

私はその時、2日分の会社での労働の辛さと遊園地で得られた楽しさを天秤にかけてしまい、純粋に楽しめなかったことを覚えています。

嫌なことをして稼いだお金は、気持ちよく支払うことが難しくなってしまうのです。

しかし、これが「好きなことをして稼いだお金」だとしたらどうでしょうか？

お金を支払う時に「また好きなことをすればお金は入ってくる」という気持ちになることができます。

これは先ほどの感情とは大違いですよね。お金を使っても何も問題はありません。また好きなことをすればお金が入ってくるからです。

もちろん、お金を稼ぐ上で大変なことがないわけではありませんが、好きなことであれば許容範囲内に収まります。

現代人は少なからず、嫌なことをしてお金を稼ぎ、心から納得していないことにお

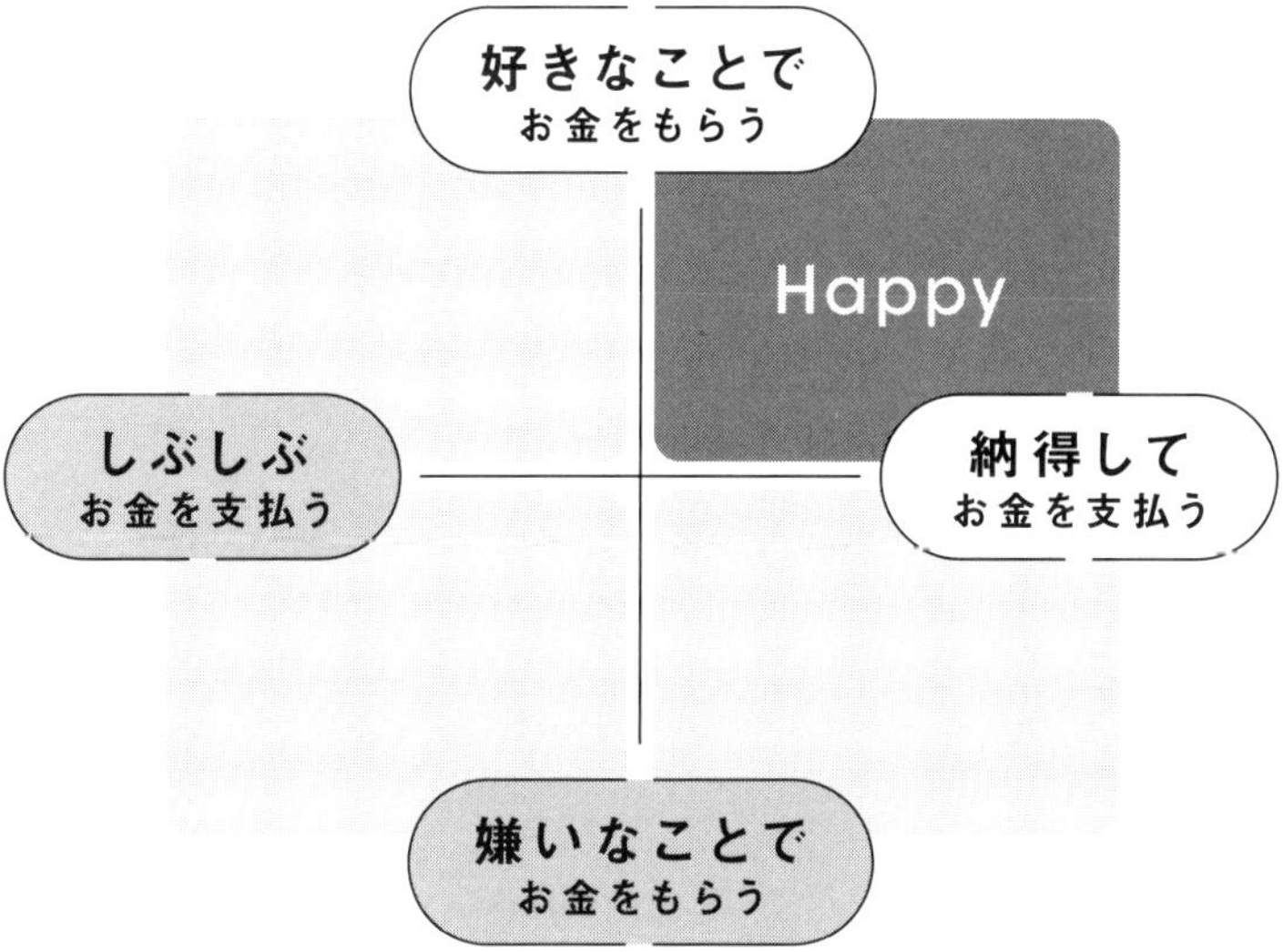

金を支払っているように感じます。これではお金をもらったり支払ったりする度に不満がたまっていきます。

そしてお金が移動する時に負の感情が発生し、それがある種の摩擦のようになってしまい、お金の流れがスムーズでなくなってしまうのです。

お金の循環を阻害する日本経済

日本の不景気は、まさにこの「お金の流れがスムーズでない」ことによって起きてしまっています。

例えば、消費税は消費に対して10％の摩擦が発生する税金です。

正確には消費税は消費者が払っているのではなく、企業が事業で得た粗利益から支払っているのですが、その10％の税金が商品の価格に転嫁される形で値上がりを招き、消費にブレーキをかけていることは事実でしょう。

国民の所得に対する税金と社会保険料の割合を示す国民負担率も、50％に近くなっています。

　これではもらったお金を使おうと思っても手元に残っていないのですから、使えません。経済が活性化するわけがないですよね。


「日本企業は生産性が低い」

「世界と戦えていない」

「少子化が景気後退を招いている」


　このように叫ばれ、さも不景気の原因が少子化や生産性の低さかのように言われていますが、日本経済の課題は**生産性向上による供給能力の向上よりもむしろ需要が喚起されていない**点にあります。

　需要が上がらない、人々の消費に対する意欲を削ぐ状態が続いているから、経済が回らず、モノが売れない。だから元々問題なかった供給能力さえも縮小せざるを得ない状態になっています。大雑把に言えばそれが日本経済です。

そこに加えて、世界情勢の変化による原材料費の高騰が追い打ちをかけ、需要が上がっていないのに物価だけ上がってしまう、いわゆるコストプッシュ型のインフレが起きています。

デフレの「需要が上がらない」という悪い部分とインフレの「物価が上がる」という悪い部分だけ合わせた状態、難しい言葉で言えばスタグフレーションと言って、デフレ不景気よりもさらによくない状態に突入しています。

少子化はその経済の縮小の結果として表れているに過ぎず、決して「少子化だから景気が後退している」わけではありません。事態はその真逆で「景気が後退しているから子どもを産み育てるという需要が破壊されている」というのが事実です。

お金の流れが滞ると、人間の身体で血液が滞るように末端冷え性になってしまいます。経済の末端にいる国民が冷え切ってしまい不満がたまる社会になってしまうのです。

お金が流れる川幅を拡げる

「金回りがいい」という言葉があります。

この言葉はお金が潤沢に流れていて不自由ない状態のことを指しますよね。お金を気持ちよく受け取り、気持ちよく使っているので、流れがスムーズになっている状態です。

川の水が勢いよく流れると川幅が広くなるように、流れる水の量も増えていきます。つまり、お金の流れがいいと、**入ってくるお金の量と出ていくお金の量が大きくなる**のです。

ここで「入ってきても出ていくのでは意味がない」と思った方もいらっしゃるでしょう。プラスマイナスでゼロなら手元にお金が残っていないのでそれは「お金持ち」とは言えない、そんな感覚があるのではないでしょうか？

しかし、実際に世の中で「お金持ち」と言われている人たちの多くは水をためるダムを目指しているわけではないのです。収入と支出を大きくしていくことで、幅の広い川を目指しているのです。**持っている水の量ではなく通過する水の量を増やしています。**

前の章でも述べた通り、お金は使わなければ何の意味もありません。

お金に不自由していない人はそのことをよくわかっています。

入ってきたお金をちゃんと自分の価値観に沿って気持ちよく使うことで、価値を受け取ります。そうすると川幅が拡がり、さらに大きなお金が入ってくることを理解しています。

よく考えればこれは当たり前で、お金は銀行に預けておくよりも、株や次の事業拡大のために投資した方が増えます。もちろんむやみに使うのではなく効果的に使う必

要はありますが、お金は基本的には使うからこそ増えるものです。

何かの物品を購入したり、人件費に充てたり、知識や経験、能力に投資するのもいいでしょう。時間を買うこともできます。

そのような投資はまた後で回収することができますし、経費として計上すれば支払う税金を少なくすることも可能です。

ここまでの話をまとめると、お金がない人ほど、「お金を貯める意識」を持っていて、お金に不自由していない人ほど

「お金の流れをよくする意識」を持っているんですね。

「景気がいい」という言葉があります。

これは経済活動、つまり価値の移動が活発に行われている状態を指します。

景気の「気」とはエネルギーであり、**人の思考や感情**です。人々が気持ちよくお金をもらい、気持ちよくお金を使っているから景気がよくなります。

お金を使う時も、もらう時も、気持ちよさを感じるためには自分の価値観をはっきりさせることが重要です。

古くなって使えなくなった価値観は断捨離して、新しくて心地のよい価値観に変えましょう。毎朝の自分の心の変化を敏感に感じ取り、価値観を柔軟に変化させていきましょう。

そうすればあなたを取り巻くお金は軽やかに流れていきます。

第6章

もしも
この世界から
お金がなくなったら

最後の問い

もしもこの世界からお金がなくなったらどうなると思いますか?

もちろんそんなことは起きません。私たちが生きているうちに「お金」という概念自体がなくなることはほぼないでしょう。

そう考えると「もしもこの世界からお金がなくなったら」という思考実験をすることにどれほどの意味があるか、疑問に思う方もいらっしゃるかもしれません。

しかし、お金が力を持ちすぎた現代だからこそ、「お金がなくなる」ことを想像することで、**本当に大切なものを浮き彫りにすることができます。**

少し想像してみてください。


日本中の銀行口座の残高がゼロになります。

それだけでなく、お財布に入っている現金も通貨として認められなくなります。

そしてお金に代わる何かを通貨として使うことも禁止されます。


現実的ではありませんが、そういう世界を想像してみましょう。

お金がなくなった時何が起こるのか、可能な限りリアルに想像してみます。私の想像力の範囲を超えませんので、読んでいてツッコミどころがあるかもしれませんが、ご了承ください。


まず、すべてのお金を介した取引が停止します。

企業間の取引、企業と労働者の雇用関係、金融システム、株取引など、すべてが停止します。当然、公務員も無給になります。電気・水道・ガスなどインフラ系を事業としている会社の業務も停止します。

我々が何の疑問も抱くことなく当たり前に過ごしていた日常、社会そのものがその機能を停止することが予想されます。

実は日本中の全員が普段通り業務を遂行し、お金のやり取りの所だけすべて無償にしてしまえばお金があった時と何も変わりなく社会を回すことは可能です。

そうですよね？

お金のやり取りがないだけで、価値を生み出し、価値を運び、価値を循環させているのは人間です。お金はその価値の移動の際の約束事のようなものですから、「無償にしましょう」という約束事に変えてしまえば済む話です。

しかし、実際にはそうはいきません。

「合成の誤謬《ごびゅう》」という経済用語があります。

これはマクロな視点で見た場合の最適解と、ミクロな視点で見た場合の最適解が、しばしば真逆になる現象のことを指しています。

わかりやすい例に、デフレ不況時の合成の誤謬があります。

マクロな経済全体の視点で見れば、しぼんでしまった需要を復活させるために一人一人が積極的に消費行動を行い、お金を循環させることがデフレ脱却の一番の近道になります。

しかし、ミクロな個人の視点で見ると、デフレ不況下では物価が下がりやすい傾向にあり、消費活動を行わずに値下がりを待つ方が得をします。

また不況による先行きの不安さから、消費行動を控え、個人も企業もお金を貯め込みたいという心理が働きます。

すると、**一人一人が経済全体にとっての最適解とは真逆の行動を取ることになり、**

問題が長期化したり悪化したりしてしまうのです。これが合成の誤謬です。

お金がない世界になると、この合成の誤謬が発生するのではないかと考えました。マクロ的な視点で見れば、金銭の授受の際、「すべて無償にする」という約束事を日本全体で決めて、今まで通りに経済活動を行うことが、社会を維持する上で最適解となります。

しかし、ミクロ的な個人の視点で見れば、お金が一切機能しないわけですから、仕事に行く理由がありません。それどころか買い物も一切できなくなりますので、水や食料の確保が急務となります。

民間企業に勤めている人は仕事に行く理由がなくなってしまいますので、出勤しなくなります。ありとあらゆる街中のお店、特に大手企業が経営するチェーン店などが機能しなくなる可能性が高いです。

電気・水道・ガスなどのインフラを取り扱っている企業であっても、民間企業であることに変わりはありませんので、合成の誤謬により一定数の社員が出勤しなくなります。それでも、社会インフラを担っているという責任感を持って普段から業務にあたっている人たちは無給で働くかもしれません。

無給で働くというのは社会全体としてはありがたいですが、個人としては賢い選択とは言えません。なぜなら無給で働く人たちにも家族がいて、食料や水の確保を優先するべきだからです。

無給で働く人たちのために、お米や水などの食料を一時的な物品貨幣として支給する案も出てくるかもしれません。

しかし、今度はその物資をお金もないのにどこからどうやって調達すればいいのか、ということが課題になってしまいます。

はじめは有志でインフラ維持に尽力する人たちがいたとしても必ず限界は来ると思

われます。皆で協力する態勢を取れればいいですが、電気・通信などの連絡網が断たれてしまった場合、全体として一つの意志を持って協力することは難しいでしょう。

それは公務員でも同じです。有志で動く人が一定数いたとしてもいずれ限界は来るでしょう。そうなれば、警察組織も機能しなくなる可能性があります。

間違いなく国内は混乱状態になります。国民が冷静になるにはある程度の時間が必要になるでしょう。

混乱している状態とは言っても、毎日おなかは空きますし、喉も渇きます。

先ほども言ったように、まず全員が考えることは水と食料の確保です。真っ先に考えられるのはスーパーです。スーパーに人が押し寄せ、食料や水の奪い合いが発生することが考えられます。

スーパーの管理をする従業員もお金という概念がない以上、働く理由がないのでスーパーに押し掛ける人々を制御するのは難しそうです。スーパー関連の社員さんやアルバイトさん、その家族で店の物資を分けるかもしれません。

水と食料の確保に危機感を感じた人々が、お店に侵入して商品を強奪するなどの犯罪が横行します。警察の効果は限定的でしょう。スーパーの品物は数日でなくなります。物流なども止まっていますので、もちろんそこに新しい品物が納品されることもありません。


しばらくはスーパーから強奪した食料や水でしのぐことができますが、それもやがて限界が訪れます。日本全体の食料自給率は38％ですが、東京都に限って言えばカロリーベースで1％以下です。

つまり現状の在庫がなくなった瞬間にほとんどの人が飢える地域、それが東京です。水道は止まっていますので、川や海、井戸を使った地下水のくみ上げ、雨水の利用などを駆使して水の確保に奔走することになりそうです。

都会であればあるほど水と食料の確保が難しくなりますので、大都市の限界を感じ、地方へ移動する人々が後を絶ちません。車などは今入っているガソリン分は走れますので、そのガソリンを使って高速道路で地方に移動すると思われます。

時間が経てば経つほど、東京などの大都市はゴーストタウン化していきます。治安も悪化し、水や食料の奪い合いが日常になるでしょう。

おそらく最低でも1年程度は国内が大混乱状態になることは必至です。

もちろん、東日本大震災の時に水や食料を奪い合うことなく秩序を保ち、助け合っていた事例はありますので、人々が助け合い、秩序を保つ可能性もなくはありません。

しかし、日本中が同時に「お金」という概念を失う衝撃は、あらゆる自然災害を上回る衝撃であることは想像に難くありません。

そういったことを加味して、最悪のケースを想定しています。

いかがでしょうか。おそろしいですよね。

人間が作り出した「お金」という概念、道具が一つなくなるだけで、**今の社会は機能不全に陥ります**。人々は争い、生存のために奪い合いが発生するかもしれません。

これはなぜなのでしょうか。

今の社会がお金という道具に依存しすぎているのです。すべての社会インフラや仕組みがお金を前提としすぎているので、それがなくなると社会が崩壊するのです。

人間がお金に持たせた力は**「信用」**です。スーパーでお水を買う時に、信用を数値化した100円というお金を支払うことでお水を購入することができます。1000円、1万円、10万円、100万円、1000万円と金額が増えれば増えるほど、信用の力が大きくなり、大きな価値と交換することができるようになります。

裏を返せば、お金を支払わなければ人を信用できない社会だということです。

信用の構築がしづらくなった世界

お金を支払わなければ人を信用できない社会から、お金という概念をなくすとどうなるでしょうか。

そうですね。先ほどの想定のように、スーパーの商品を強奪したり、治安が悪化したりします。

それは人を信用、信頼する力、信頼関係を構築する過程を放棄し、すべてお金という数字にその役割を付与してしまった結果です。**今の社会はお金でしか信用や信頼関係を表現できなくなった社会**なのです。

昔より人と人が信頼関係を構築するのが難しくなっていると感じませんか？

村社会から家族社会になり、核家族化が進み、今では独身の一人暮らしが増え続けています。高齢者の孤独死も増えて、問題になっています。

ありとあらゆるハラスメントが言語化され、上の世代と下の世代、男性と女性がお互いを腫れもののように扱うこともあります。物騒な犯罪が大きく報道され、「面識のない人は怖い人」という意識が刷り込まれていきます。

コロナ禍でマスクが当たり前になり、人の笑顔を見る機会が減りました。ウイルスに感染する恐怖におびえ、人との接触機会は以前より確実に減りました。

すべて偶然でしょうか？

私にはそうは思えません。個人個人を分断し、温かい人の交流を絶ち、信頼関係を構築できない世の中が意図されているように感じるのは私だけでしょうか？

信頼関係を構築するという人間にとって必要な営みをすべてお金で代替しようとし

た結果がこの現状を作ってはいないでしょうか？

庶民同士手をつながれたら、権力者が「支配」できない、生きていくために必要なものを「支えて配り」庶民をお金に依存させ、管理下に置くことができない、だから個人個人を分断しているとしたら？　考えすぎでしょうか？

権力者がそのような意図を持っているかどうかはさておき、世の中の方向性は間違いなく個人を分断する傾向にありますし、私たちがお金に依存せざるを得ない状況を作っています。

家族や親しい友人同士の場合、金銭の授受が省かれることがありますよね。

それはお金を支払わなくても信頼関係によって価値の移動が成立するからに他なりません。私たちは家族や友達、周りの人たちと信頼関係を取り戻すことによってお金の依存状態から脱却する糸口をつかめるかもしれません。

お金がなくなった、その後

お金がなくなった社会が、その後どうなるかもう少し考えてみましょう。

お金がなくなってから1年が経ち、社会はすっかり様変わりしています。

大都会に住んでいる人はかなり減り、多くは地方に移住しました。

都会から地方に大量の人々が移住しましたので、はじめは多少の混乱はありました。一時的に治安が悪くなったり、都会から来た人たちが勝手に空き家に住み着いたりする問題も頻発しました。

地元の人々や移住した人々の中から有志で自警団のようなものが組織され、治安の悪化に歯止めをかけました。空き家に住み着いている人の問題については、当人同士が話し合いを行い、問題を起こさず、お互いに助け合うという条件で合意するケースが増えました。

日本には９００万戸空き家が余っていますので、誰かが住むことで劣化を防ぐことができるなどよい面もあるかもしれません。


日常的に必要なものの調達については、これまでのようにお金を使って価値を交換するということはできませんので、自然と助け合うようになります。必要なものは共有したり、余った食べ物を分け合ったりしました。

外国から食料を輸入することはなくなったので、自分たちである程度の農作物や主食であるお米の自給を行う人が増えました。

お金のために労働することはなくなり、一日に必要な作業を終わらせたら、後は自分の好きなことをして過ごす人が増えました。

集落ごとに特産品のようなものができ、その特産品を季節ごとに周辺の集落とシェアすることで食の豊かさを維持しました。

お金の代わりになったのは信頼関係でした。人間は一人では生きていけません。お金を使う代わりに信頼関係を構築し、必要な時に必要なだけ助け合う社会になりました。

子どももその集落の大人全員で育てるようになりました。学校はなくなり、学びは体験型になりました。机の上で読み書きや計算を勉強したりはしますが、それ以降はそれぞれの子どもの興味によって大人たちが一緒に作業をするなどして生活の知恵を伝えました。ちょうど江戸時代にあった寺子屋のようなものです。

大企業が全盛を誇った時代の、お金で何でも買える、何でもネットで買えば家に届く、といった便利さはなくなりました。テレビやインターネットが提供してくれていたエンターテインメントもなくなりました。

その代わりに、**人々は他の人たちと協力しながら自分たちで生活を創っていく**ことに面白さを感じるようになっていきました。

与えられる楽しみではなく、自分で創る楽しみを見出すようになりました。素早く結果が得られる便利さから、試行錯誤するプロセスに面白みを感じるようになりました。価値観が変化してきたのです。

そして何よりも、お金がなくなったことで、**この世界にあるすべてのものがまぶしく見える**ようになりました。それらの持つ価値がひときわ輝いて見えるようになりました。

毎朝美味しい空気が吸えること、山から流れる美味しい水が飲めること、季節ごとの作物や美味しいお米が食べられること、温かい家や服があること、そして何より信頼できる仲間がいること。

世界にはお金以外の価値がこんなにもあふれているのに、なぜそのことに気が付かなかったんだろうという気持ちになりました。

今まで「お金がない」と思っていたものが「何でもある」に変わりました。と同時に「ありがたい」という感謝の気持ちが湧き上がってきました。

「お金が欲しい」と言う人は一人もいなくなりました。誰もがクリエイターとなり、生活に必要なものや楽しみを創り出しました。

循環しだす、世界

お金がなくなった社会をイメージした時、1年ほどで人々が生活を安定させ、むしろ楽しみだす想像をしました。

人間は環境によって価値観が大きく影響を受ける生き物です。日本人の精神性であれば、現状を前向きに捉え、価値観を柔軟に変化させながら生活を楽しむことは可能でしょう。

信頼関係で結ばれた人々は**自然の循環の輪の中に戻っていきます**。価値を循環させるのにもうお金を介在させる必要はありません。野生動物、植物、自然現象など、それぞれが好きなように振る舞いながら一つの無駄もなく循環する世界の仲間入りです。

近年ではＳＤＧｓなどと言っていますが、これは「持続可能な開発目標」という意味ですよね。「持続可能でありながら、開発し続ける」と言っているわけですが、そんなことは不可能です。タイトルから矛盾しています。

この地球での暮らしを持続可能にする唯一の方法は、開発ではなく、循環です。地球が、自然が循環する仕組みの輪の中に人間が入らせていただく。それしか持続可能な暮らしはあり得ません。

金本位制は金の量に応じて通貨を発行する仕組みでした。

現在は管理通貨制度と言って、国の供給能力に対する信用があれば無限に通貨を発行できる仕組みです。国の供給能力の源とは何でしょうか。

それは**地球**です。

地球が供給してくれる資源を使うから国は供給能力を持ち価値を生み出し、その価値を信用して通貨を生み出しているのです。

だとすれば今の管理通貨制度は「地球資源」本位制なのです。金が地球資源に置き換わっただけなのです。

地球資源本位制は地球の資源がある限り通貨を発行できますが、地球資源を食い尽くし、破壊し尽くした瞬間に通貨を発行できなくなります。それ以上に通貨を発行しようとしても価値を生み出す信用がありませんので通貨が通貨としての価値を保てなくなります。

今、世界中の通貨の価値が暴落しています。

私たち日本人から見れば円安ドル高に見えていますが、違います。円に限らずドルも価値が落ちているのです。コロナ禍で世界に存在するドルを2倍に増やしたのですから当然です。

通貨の価値が落ちている。地球を使って生み出せる価値に限界が来ている。

人々はそのことに薄々気付き始めています。

この社会が無限に生み出す便利なもの、それらを手に入れるためにお金を稼ぎ続ける生活に疑問を持ち始めています。

お金よりも本質的に大事なのは「毎日何をしているか」です。その毎日のライフスタイルに一人一人が満足しているかどうか、楽しさを感じているかどうかが大事です。お金はそれをサポートする道具の一つに過ぎず決して主役ではありません。

お金が人から人へ移動する時に「誰がどんな価値を作って、誰に届けたか」が大事です。その価値を生み出した人と、受け取った人が幸せをシェアできたかどうかが大事です。

金額の大小ではなくお金のもらい方と使い方にこだわればこだわるほど、自分の価値観の輪郭がはっきりして似た価値観を持つ人々と幸せを共有できます。

価値観を変える人が少しずつ増えています。自然に寄り添い、自分たちで生活をクリエイトしていくことに面白さを感じる人たちが増えています。

あなたはどちらに進みたいですか？

お金を無限に創り出し、地球をすり減らし続け、便利さを求め働き続ける世界を突き詰めたいですか？

必要以上にお金に心を奪われることを止め、信頼関係によって価値の共有を行い、生活を楽しむ世界を創造したいですか？

どちらが良い悪いという話はしていません。好みの問題です。

そして大事なのは「世界がどちらに向かうか」ではありません。

「あなたがどうしたいか」です。

「世界がどちらに向かうか」という思考は依存的な思考です。

その思考からは自分で自分の人生を創造していくという気概は感じられません。その質問が出るということは今の資本主義社会、全体主義社会を突き詰めたい権力者たちの言いなりになることと同義です。

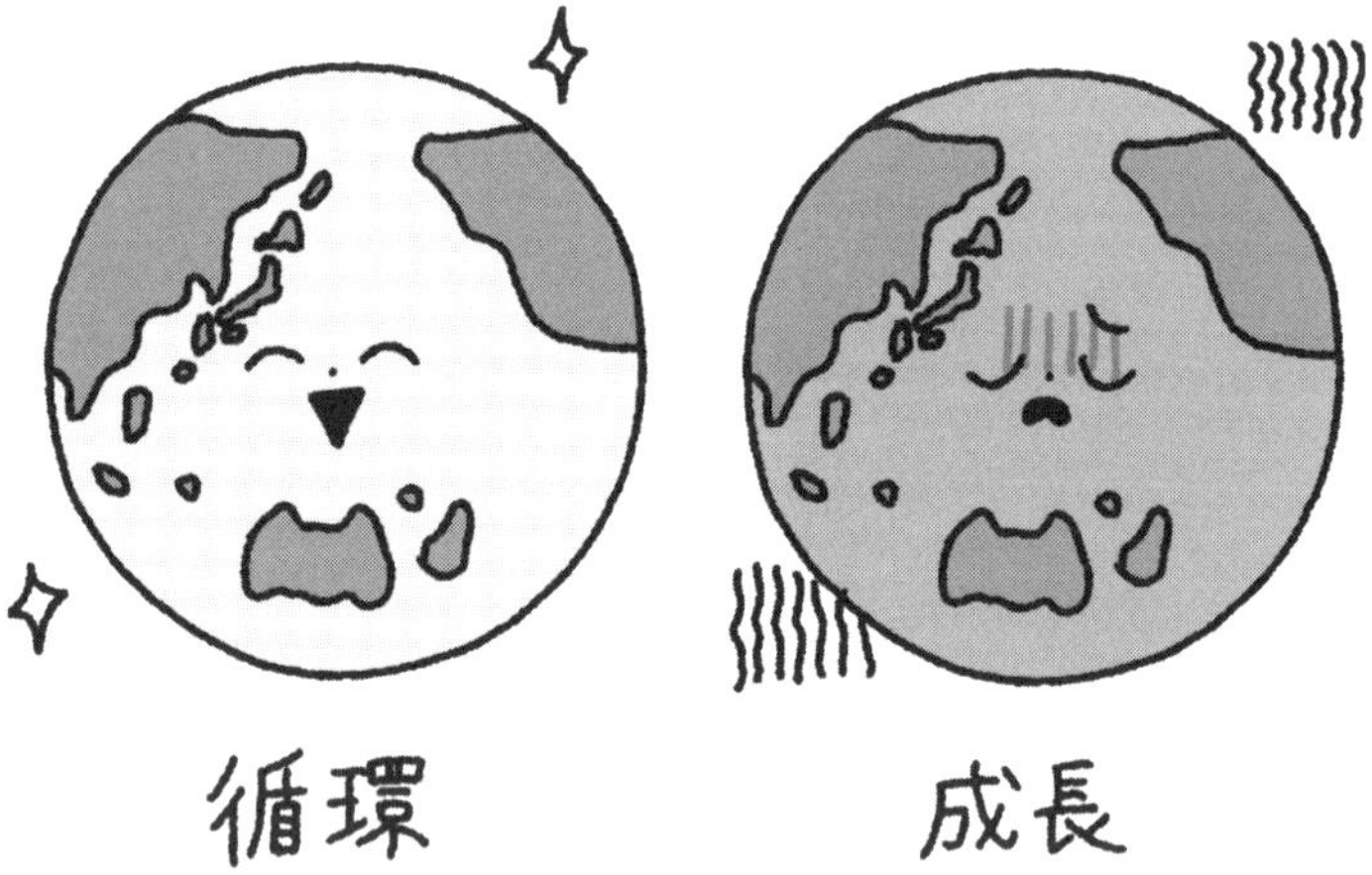
循環
成長

想像か？　現実か？

いかがでしたでしょうか。「お金がない世界」を私なりに想像してみました。この思考実験を通して、私たちが失いかけている大切なものを少しでも感じられたのではないでしょうか。

実際にはお金がなくなることはないでしょう。

しかし、**お金への依存状態から脱却しよう**という動きは、少しずつではありますが確実に始まっています。

今のこの激動かつ混沌とした世の中を敏感に感じ取った人々が動き始めています。

通貨の価値が暴落することを察知した人々がいち早く都会から田舎に拠点を移し、野菜やお米を自給しています。まず真っ先に食料の価値が高まることが予想されるからです。

また**価値観の近い仲間で信頼関係を構築しよう**という動きも活発になっています。

わかりやすいのはクラウドファンディングやオンラインサロンです。

10年前と比べてみれば、これらのものがどれだけ市民権を得てきたかわかりますよね。

クラウドファンディングはまだこの世に存在しない価値を提案し、賛同者の支援を募る仕組みです。見返りなしに支援するわけではなく、きちんとリターンがもらえるので予約販売的な性格を持っている仕組みです。価値観の近い人々がお金を出し合い、一つの夢を現実化する、という意味で非常に盛り上がっている仕組みですよね。

オンラインサロンはサロンオーナーの発信に共感した人々が参加するオンラインコミュニティです。オンラインサロンの知名度を押し上げた功労者は日本最大級のオンラインサロンを運営されているキングコングの西野さんです。

今ではたくさんのオンラインサロンが立ち上がっており、複数のサロンに参加されているという方も珍しくありません。

私も2022年8月からオンラインサロンを運営しています。私のYouTubeやXでの発信に共感してくださった方々がたくさん参加してくださっています。

この2年間、サロンメンバーさんと数えきれない思い出を共にしてきました。全国各地でオフ会を開催しました。東京、大阪、名古屋、福島、長野など、多い時は100名近くのメンバーさんが一堂に会しました。

私のオンラインサロンではメンバーさん一人一人にスポットライトを当てています。これまで100名以上のメンバーさんと一対一でインタビューをして人となりをサロン内で共有してきました。そうすることでメンバーさん同士の交流や価値の循環を促す狙いです。

オンライン上でメンバーさん一人一人が「自分だけが発行できる通貨」を持ち、価値を循環させる仕組みも作りました。権力者だけ通貨を発行する権利を持っているのはズルいと思ったからです笑

私のオンラインサロンだけでなく、これから価値観の近い人同士、信頼関係を構築することが最重要になることをわかっている人たちが続々と動き出しています。

私が思い描く未来を、最後に少しだけお話しさせてください。

私は**「いいとこ取り」**という言葉が大好きです。極論を振りかざしてとがっていくのではなく、様々な考えの美味しい所をつまみ食いしていくスタイルです。

現代のような混沌とした世の中で、「投資でお金を増やしたり、稼ぎ方を身に付けてお金に不自由しない人生を創造していく」という考え方もありますし、「可能な限り衣食住や電気・水道・ガスを自給してお金がなくても生活できる環境を整えていく」という考え方もあります。

私はそのいいとこ取りをしたいのです。

まず、「自分が心から好きなことをしてごきげんに過ごす」というのがすべての土台です。その上に、「好きなことを楽しみながらお金を稼ぐ」と「好きなことを楽しみながら自給環境の整備や生活の質の向上を目指す」という2つの軸を置きます。

器用な人は両軸で進めることができるかもしれませんが、自分の好きな方に軸足を置いても構いません。好きなことでお金を稼ぐのが自分にとってしっくりくる方もいらっしゃいますし、自分の好きなこと、できることで自給環境だったり、生活の質の向上に貢献したりするという方もいらっしゃるでしょう。

お米や野菜を作るだけでなく、衣服を作ったり、身体にいい料理を作ったり、皆が楽しめる遊びを作ったり、生み出せる価値は多岐にわたります。

大事なのは**無理をせず楽しく自分のペースで活動すること**です。焦る必要は全くありません。

このように自分の価値観を捉え、ごきげんな現実を自らの手で創造していける人を、私は「個神（こじん）」と呼んでいます。私たちは一人一人が現実を自由に創造できる神だからです。

そのごきげんで価値観の近い個神がしなやかにつながった時に、素晴らしいシナジーが発生します。好きなことでお金を稼ぐことに軸足を置いている個神は、稼いだお金を価値観の近いコミュニティに流します。

例えば野菜やお米を自給している個神からそれらを購入したり、DIYを得意とする個神に古民家のリフォームを依頼したりします。自給したり、生活の質を向上させたりすることに軸足を置いている個神は自分の生活環境を整えながら価値を享受しつつ、たまに依頼された仕事をこなしてお金を稼いだりします。

こうすることで、このコミュニティは**今の社会が提供する便利さに「依存することはないけれど、うまく活用できる」状態**を作ることができます。社会やお金との距離感をちょうどいい所に保つ感じですね。

コミュニティ内でお金が循環するので、お金がなくなりづらく、それぞれが生み出した価値を皆で共有したり、社会が創り出した価値も有効活用したりできます。

いいとこ取りですよね笑

こんな未来を思い描きながら、オンラインサロン内で、考え方を共有したり信頼関係の構築を促進したりしています。

あなたは、この世界からお金がなくなったとしたら、どんな世界になると思いますか？

その時自分はどんな行動を取ると思いますか？

もしかすると私が想像した世界とは全く違った想像をされる方もいらっしゃるかもしれません。

正解はありません。

でも、そのお金がなくなった世界であなたが創造する大切なものやことこそが、あなたが心から大事にしていることであることは間違いないはずです。

エビングハウスの忘却曲線に敬意を表して

エビングハウスの忘却曲線をご存じでしょうか？

エビングハウスさんというドイツの心理学者が提唱した人間の記憶にまつわる理論のことです。

これによると、人間の脳は新しく入ってきた情報に対して、20分後に42％忘れ、60分後に56％忘れ、24時間後に74％忘れます。

驚きですよね。スマホだったら、10枚撮った写真が、20分で4枚、60分で5枚、24時間で7枚勝手に消えているのと同じです。3枚しか残らない。

残っている写真がブレたり、目をつぶっているものだったら最悪です。完全にポンコツスマホですよね。

皆さんも読んだ本の内容を忘れてしまった、ということはありませんか。もしかすると今まで読んだ本の内容をほとんど忘れているという方もいらっしゃるかもしれません。

これは当たり前なんです。1冊の本を読むのに1日くらいかける人は多いですから、読み終わった頃には、最初の章の内容はほとんど忘れています。

この本も例外ではありません。おそらく今、第1章や第2章の内容を思い出せと言われても難しいでしょう。悲しいですね。あなただけでなく私も悲しいです。

こんなにすぐ忘れてしまうなんて人間の脳はポンコツなのでしょうか。

そうではありません。
人間の脳はこの自動削除機能によって、必要ない情報を自動で削除し、脳内の空き容量に余裕を持たせ、常に一定の情報処理能力や思考力を保つことができるようにしてくれているのです。

大事なのは「必要な情報」と「必要ない情報」の線引きです。
脳は何を基準に判断しているのでしょうか?

それは「その情報が入ってきた回数」です。入ってきた回数が多い情報は脳が「重要だ」と判断し、長期記憶として保管するという性質があることがわかっています。

家族の名前は忘れないけれど、一度しか会ったことのない人の名前は忘れてしまうことがありますよね。それはそういうことです。
大事な記憶として定着させたければ、同じ情報を繰り返しインプットするのがコツなんですね。

「何度言ったらわかるんだ」と怒ってくる親や学校の先生、職場の上司に教えてあげたい情報です。答えは「繰り返し教えてくれれば教えてくれるほど記憶に定着します」です。

この「繰り返し入ってくる情報は脳が重要だと判断する」という性質を踏まえて、実は本書では大事なことを繰り返しています。もしかすると同じことをしつこく言ってくるなと感じた方もいらっしゃるかもしれませんが、そのような理由があったことをご留意ください。

著者としては本書の内容を記憶に定着いただくために、好きな章や箇所だけでも構いませんので、付箋を貼っておいて何度も繰り返し読んでいただけると幸いです。

あとがき

本書を最後まで読んでいただきありがとうございます。

読者の皆様一人一人に直接お礼を言って抱きしめたいくらいです。

私は3年前まで普通の会社員でした。しかし2020年の4月頃、コロナ禍が始まったことですべてが変わりました。あまりにも納得できないことが多すぎて、働いていない時間はほとんどすべて、新型コロナウイルス関連の本や中国の科学誌の翻訳を読んだり、厚生労働省のデータをエクセルで分析したりしました。

そうして私が到達した結論は、世の中の多くの人が信じていることとは綺麗に正反対でした。そこから世界の見え方が反転しました。目に映るものすべてがコントに見えるのです。ツッコミ待ちのボケに見えてくるのです。あまりにも滑稽で毎日ニュースを見て笑っていました。

世の中で「当たり前」と信じられていることがあまりにも脆く、崩れやすいハリボテであることを知りました。

そこから、コロナ禍の問題を超えた、戦争の歴史やお金の仕組み、哲学、宗教、量子力学、心理学、政治経済、スピリチュアルなどについて、自分なりに調べを進め、YouTubeやXで発信してきました。

そこで知り得たこともまた、これまでの常識を破壊するものでした。

映画「トゥルーマン・ショー」のように私たちが住んでいる世界は権力者が作った箱庭です。

本書はお金の本です。お金はこの世界の仕組みの根幹にあるので、お金についての理解度はそのまま世界の理解度につながります。本書を読む前と読んだ後で少しでも世界の解像度が上がっていたら、私にとってこれ以上ない喜びです。

私は何かの専門家ではありません。資格も持っていません。中学2年の時に取った英検3級くらいです。34歳まで会社員をしていた普通の一般人です。

しかし、だからこそ専門家にはない一般人の視点で世の中のおかしさに気付くことができました。専門性がないからこそ、幅広い学問分野の知識を浅く横につなげて、世界の仕組みの全体像を捉えることができました。普通の人で本当によかったです。

私はYouTubeで「ざっくりわかる解説お兄さん、雑栗わかる」として世界の仕組みをざっくりわかりやすく解説する動画を投稿したり、「個神がしなやかにつながる世界」の生き方を皆で模索するオンラインサロンを運営しております。興味がある方は覗いていただけると幸いです。

それでは、今日はこの辺で。ごきげんよう。

参考文献

- 安部芳裕『金融のしくみは全部ロスチャイルドが作った』(徳間書店)
- 飯田泰之『日本史に学ぶマネーの論理』(PHP研究所)
- 岩村充『貨幣進化論　「成長なき時代」の通貨システム』(新潮社)
- 小林登志子『シュメル――人類最古の文明』(中央公論新社)
- 岡田明子　小林登志子
『シュメル神話の世界　粘土板に刻まれた最古のロマン』(中央公論新社)
- 小名木善行『縄文文明　世界中の教科書から消された歴史の真実』(ビオ・マガジン)
- 佐藤航陽『お金2.0　新しい経済のルールと生き方』(幻冬舎)
- デヴィッド・グレーバー『負債論　貨幣と暴力の5000年』(以文社)
- 苫米地英人『日本人の99%が知らない戦後洗脳史
嘘で塗り固められたレジーム』(ヒカルランド)
- 苫米地英人『明治維新という名の洗脳』(ビジネス社)
- 苫米地英人『明治維新という名の秘密結社』(ビジネス社)
- 苫米地英人『超国家権力の正体　グレートリセットとは何か?』(ビジネス社)
- 中野剛志『目からウロコが落ちる　奇跡の経済教室【基礎知識編】』(KKベストセラーズ)
- 中野剛志『全国民が読んだら歴史が変わる
奇跡の経済教室【戦略編】』(KKベストセラーズ)
- 中野剛志『楽しく読むだけでアタマがキレッキレになる
奇跡の経済教室【大論争編】』(KKベストセラーズ)

○ 中野剛志『どうする財源　貨幣論で読み解く税と財政の仕組み』(祥伝社)

○ 浜 矩子『もうエコノミストに騙されないために　紫炎のMBA講義録』(毎日新聞社)

○ ぴよぴーよ速報『小学生でもわかる世界史』(朝日新聞出版)

○ 本田健『一瞬で人生を変えるお金の秘密　happy money』(フォレスト出版)

○ 丸田勲『江戸の卵は1個400円！　モノの値段で知る江戸の暮らし』(光文社)

○ ミナミAアシュタール『新・日本列島から日本人が消える日　上巻』(破・常識屋出版)

○ ミナミAアシュタール『新・日本列島から日本人が消える日　下巻』(破・常識屋出版)

○ 三橋貴明『日本人が本当は知らないお金の話』(ヒカルランド)

○ 宮崎正勝『ユダヤ商人と貨幣・金融の世界史』(原書房)

○ 森井じゅん　藤井聡『消費税減税　ニッポン復活論』(ポプラ社)

○ 森永卓郎『ザイム真理教　それは信者8000万人の巨大カルト』(フォレスト出版)

○ 山﨑圭一『一度読んだら絶対に忘れない日本史の教科書』(SBクリエイティブ)

○ 山﨑圭一『一度読んだら絶対に忘れない世界史の教科書』(SBクリエイティブ)

○ 山﨑圭一『一度読んだら絶対に忘れない世界史の教科書　経済編』(SBクリエイティブ)

○ 山﨑圭一『一度読んだら絶対に忘れない世界史の教科書　宗教編』(SBクリエイティブ)

○ 山﨑圭一『世界史と日本史は同時に学べ！』(SBクリエイティブ)

○ 山中光平『お金のいらない世界』

雑栗　わかる（ざつくり　わかる）
1988年福島県生まれ。Youtuber。オンラインサロンオーナー。講演家。10代、20代は憧れだったお笑い芸人や小説家を目指す勇気がなく挫折。特にやりたいこともなく就職活動もしなかったが、誘われるがままにアルバイト生活を始め、言われるがままにその会社の正社員になった。人生の目的が見つからない20代を過ごす。30代、元々抱いていた世の中に対する漠然とした違和感が新型コロナ騒動で決定的なものとなる。会社で研修事業を任されていた経験を活かし、YouTubeで「雑栗わかる」チャンネルを開設後、脱サラ。複雑な世の中をシンプルにするため、世界の仕組みをわかりやすく解説し始める。歴史、哲学、宗教、政治、経済、心理学、スピリチュアルなど、幅広い視野から世界を捉えた解説が人気を博し、現在のチャンネル登録者数は7.35万人を突破（2025年1月現在）。「個神（こじん）がしなやかにつながる世界」を目指し、仲間探しのためYouTubeやオンラインサロンで日々発信している。趣味はサウナ。

もしもこの世界《せかい》からお金《かね》がなくなったら
一生《いっしょう》お金《かね》に振《ふ》り回《まわ》されない人生《じんせい》の歩《ある》き方《かた》

2025年 2 月26日　初版発行

著者／雑栗《ざつくり》　わかる

発行者／山下　直久

発行／株式会社 KADOKAWA
〒102-8177　東京都千代田区富士見 2-13-3
電話　0570-002-301（ナビダイヤル）

印刷所／TOPPAN クロレ株式会社

製本所／TOPPAN クロレ株式会社

●お問い合わせ
https://www.kadokawa.co.jp/（「お問い合わせ」へお進みください）
※内容によっては、お答えできない場合があります。
※サポートは日本国内のみとさせていただきます。
※ Japanese text only

定価はカバーに表示してあります。

ISBN 978-4-04-607245-0　C0033